소아정신과 의사 서천석의
그림책 다이어리

아이와 함께 떠나는 그림책 여행

그림책은 아이들 책이고 별 내용이 없을 거라 생각합니다. 하지만 좋은 그림책을 읽어본 사람은 압니다. 그림책은 아이만을 위한 책이 아닙니다. 몇 장 안 되는 작은 책이지만 담겨진 지혜와 감동은 작지 않습니다. 어떤 책은 유머가 가득하고 어떤 책은 희미해진 동심을 되살립니다. 아름다운 감각을 깨우는 책도 있고, 따뜻한 위로에 가슴이 따뜻해지는 책도 있습니다. 예상도 못한 깊은 깨달음에 책장을 덮기 어려운 책도 있습니다. 그림책은 작지만 큰 책입니다.

아이와 그림책을 읽는 시간은 더욱 특별합니다. 아이를 품에 안고 그림책을 볼 때 우리는 책의 내용만 전달하지 않습니다. 책에 대한 우리의 경험을 전달하고 함께 시간을 보내며 사랑을 선물하게 됩니다. 사랑이란 둘이 함께 같은 방향을 바라보는 것이죠. 같은 그림과 글을 함께 보며 느낌과 감동을 나누는 순간, 아이는 책만큼이나 부모의 사랑도 깊게 경험하게 됩니다.

참 많은 분이 제게 물어오셨어요. "어떤 그림책이 좋은가요?" "수많은 그림책 중에 뭘 골라야 할지 모르겠어요." 아이에게 그림책을 읽어주면 좋다는 것은 알지만 적당한 책을 고르는 일은 쉽지 않습니다. 막막한 느낌이 드실 거예요. 아이를 사랑하는 마음으로 물어오신 많은 부모님의 질문 덕에 이 다이어리가 만들어질 수 있었습니다.

자, 그림책은 제가 준비하겠습니다. 그러니 일단 아이와 그림책 여행을 떠나 보시죠. 한 주에 한 권의 책입니다. 부모인 우리가 먼저 보고, 아이와도 함께 나눠 보시죠. 함께 아름다움을 느끼고, 함께 상상 속에서 웃고 즐기는 시간을 가져보십시오. 그렇게 한 해의 여행을 다녀오세요. 마칠 때쯤이면 다음 해의 그림책 여행쯤은 스스로 준비할 수 있는 눈이 생길 겁니다. 이제 출발입니다.

2019

1월
		1	2	3	4	5
6	7	8	9	10	11	12
13	14	15	16	17	18	19
20	21	22	23	24	25	26
27	28	29	30	31		

2월
					1	2
3	4	5	6	7	8	9
10	11	12	13	14	15	16
17	18	19	20	21	22	23
24	25	26	27	28		

3월
					1	2
3	4	5	6	7	8	9
10	11	12	13	14	15	16
17	18	19	20	21	22	23
24/31	25	26	27	28	29	30

4월
	1	2	3	4	5	6
7	8	9	10	11	12	13
14	15	16	17	18	19	20
21	22	23	24	25	26	27
28	29	30				

5월
			1	2	3	4
5	6	7	8	9	10	11
12	13	14	15	16	17	18
19	20	21	22	23	24	25
26	27	28	29	30	31	

6월
						1
2	3	4	5	6	7	8
9	10	11	12	13	14	15
16	17	18	19	20	21	22
23/30	24	25	26	27	28	29

7월
	1	2	3	4	5	6
7	8	9	10	11	12	13
14	15	16	17	18	19	20
21	22	23	24	25	26	27
28	29	30	31			

8월
				1	2	3
4	5	6	7	8	9	10
11	12	13	14	15	16	17
18	19	20	21	22	23	24
25	26	27	28	29	30	31

9월
1	2	3	4	5	6	7
8	9	10	11	12	13	14
15	16	17	18	19	20	21
22	23	24	25	26	27	28
29	30					

10월
		1	2	3	4	5
6	7	8	9	10	11	12
13	14	15	16	17	18	19
20	21	22	23	24	25	26
27	28	29	30	31		

11월
					1	2
3	4	5	6	7	8	9
10	11	12	13	14	15	16
17	18	19	20	21	22	23
24	25	26	27	28	29	30

12월
1	2	3	4	5	6	7
8	9	10	11	12	13	14
15	16	17	18	19	20	21
22	23	24	25	26	27	28
29	30	31				

2020

1월
일	월	화	수	목	금	토
			1	2	3	4
5	6	7	8	9	10	11
12	13	14	15	16	17	18
19	20	21	22	23	24	25
26	27	28	29	30	31	

2월
일	월	화	수	목	금	토
						1
2	3	4	5	6	7	8
9	10	11	12	13	14	15
16	17	18	19	20	21	22
23	24	25	26	27	28	29

3월
일	월	화	수	목	금	토
1	2	3	4	5	6	7
8	9	10	11	12	13	14
15	16	17	18	19	20	21
22	23	24	25	26	27	28
29	30	31				

4월
일	월	화	수	목	금	토
			1	2	3	4
5	6	7	8	9	10	11
12	13	14	15	16	17	18
19	20	21	22	23	24	25
26	27	28	29	30		

5월
일	월	화	수	목	금	토
					1	2
3	4	5	6	7	8	9
10	11	12	13	14	15	16
17	18	19	20	21	22	23
24 31	25	26	27	28	29	30

6월
일	월	화	수	목	금	토
	1	2	3	4	5	6
7	8	9	10	11	12	13
14	15	16	17	18	19	20
21	22	23	24	25	26	27
28	29	30				

7월
일	월	화	수	목	금	토
			1	2	3	4
5	6	7	8	9	10	11
12	13	14	15	16	17	18
19	20	21	22	23	24	25
26	27	28	29	30	31	

8월
일	월	화	수	목	금	토
						1
2	3	4	5	6	7	8
9	10	11	12	13	14	15
16	17	18	19	20	21	22
23 30	24 31	25	26	27	28	29

9월
일	월	화	수	목	금	토
		1	2	3	4	5
6	7	8	9	10	11	12
13	14	15	16	17	18	19
20	21	22	23	24	25	26
27	28	29	30			

10월
일	월	화	수	목	금	토
				1	2	3
4	5	6	7	8	9	10
11	12	13	14	15	16	17
18	19	20	21	22	23	24
25	26	27	28	29	30	31

11월
일	월	화	수	목	금	토
1	2	3	4	5	6	7
8	9	10	11	12	13	14
15	16	17	18	19	20	21
22	23	24	25	26	27	28
29	30					

12월
일	월	화	수	목	금	토
		1	2	3	4	5
6	7	8	9	10	11	12
13	14	15	16	17	18	19
20	21	22	23	24	25	26
27	28	29	30	31		

그림책, 이렇게 읽어주세요

어떤 그림책이 좋은 그림책일까요? 아이가 좋아하는 책이 좋은 그림책입니다. 아이가 장난감처럼 즐겨 찾고 볼 때마다 신나 하는 책이 있다면 당연히 좋은 책입니다. 그 어떤 전문가가 추천하는 책보다 그 책이 낫습니다. 어떤 부모님은 걱정하세요. 우리 아이는 유명한 상을 받은 책에 별로 관심이 없다고요. 아이가 감각이 떨어지는 것은 아닌지 염려하시죠. 걱정하지 마세요. 내 아이가 좋아하는 책을 고를 능력을 충분히 갖고 있음을 믿어주어야 합니다. 게다가 어느 책이든 스스로 즐겁게 반복해서 본다면 아이는 그 속에서 많은 것을 배울 수 있습니다. 행복과 즐거움을 발견합니다.

부모가 아이에게 꼭 읽어주고 싶은 책이 있다면 그림책의 표지가 잘 보이도록 바닥에 두는 것도 방법입니다. 표지에 익숙해지면 아이는 궁금증을 갖죠. 그리고 읽게 될 가능성이 높아집니다. 부모는 다양한 방식으로 아이에게 좋은 책을 소개할 수 있습니다. 다만 싫어하고 흥미 없어 하는 책을 강요하지는 말아주세요. 책 읽기 자체를 피할 수 있으니까요.

아이들은 좋아하는 그림책을 반복해서 읽고 또 읽어 달라고 합니다. 괜찮습니다. 한 권을 수십 번 반복해서 읽는 것이 아이들이 그림책을 받아들이는 방법입니다. 처음부터 끝까지 순서대로 다 읽어야 한다고 생각하는 분들도 많아요. 그렇지 않습니다. 관심 있는 부분만 읽어도 괜찮습니다. 꼭 글을 따라 읽어야 하는 것도 아니에요. 그림만 보고 이야기를 나눠도 괜찮습니다. 아이가 그림에 집중해 그림을 갖고 이야기하고 싶어 하면 글 읽는 걸 잠시 멈추세요. 그냥 그림에 대한 이야기로 넘어가세요. 가끔 일단 끝까지 다 읽고 돌아오자는 분도 있어요. 좋지 않은 방법입니다. 잊지 마세요. 그림책을 읽는 주인공은 아이입니다. 아이의 흐름을 따라가세요.

아이에게 그림책을 읽어주기 전에 꼭 먼저 읽어보세요. 책의 줄거리와 그림을 미리 알면 읽는 동안 아이를 볼 여유가 생깁니다. 아이의 반응을 관찰할 수 있죠. 책을 읽어주는 순간 아이는 내게 많은 것을 보여줍니다. 책의 어떤 부분을 좋아하는지, 어떤 이야기에 흥미를 갖는지, 어느 정도 시간이 지나면 주의력이 떨어지는지. 결국 미리 책을 읽어본 부모만이 아이를 더 깊게 이해할 수 있습니다.

그림책을 읽어줄 때, 아이가 느끼고 표현하는 감정에 발맞춰주는 것이 좋습니다. 아이가 속상해하면 같이 속상해하고, 기뻐하면 같이 기뻐해주세요. 아이가 책의 내용을 엉뚱하게 이야기하더라도 "그렇게도 읽을 수 있구나." 하고 반응해주는 것이 좋습니다. 너무 가르치려 들지 마세요. 책 읽기도 일종의 놀이이고, 놀이는 지시나 교육이 아닙니다. 아이가 책을 보고 궁금해서 무언가를 물어오면 당황하게 되죠. 이때 꼭 정답을 얘기해야 한다고 생각하지 마세요. 자유롭게 상상해서 문학적으로 반응해도 좋습니다. 당장 생각이 안 나면 "생각해보고 이야기할게." 하고 말해도 됩니다.

그림책을 읽은 뒤 독후활동은 도움이 됩니다. 다만 요즘은 지나치게 교육적인 활동에 쏠려 있는 면이 있어요. 느낀 점을 말하라거나 교훈을 찾아보라는 식의 독후활동은 아이에게 부담을 줍니다. 아이와 별점을 매겨보거나 인상 깊었던 장면을 이야기해보는 정도면 충분합니다. 창의적인 독후활동은 나쁘지 않지만 배보다 배꼽이 더 커서 부모가 준비에 부담스러울 정도면 하지 않아도 됩니다. 무엇이든 즐거운 시간이 되었다면 그것으로 족합니다. 혹시 아이가 읽은 책이 재미없었다거나 별로였다고 하면 반박하지 마세요. 그 말 그대로 인정해주세요. 부모가 굳이 책을 변호할 이유는 어디에도 없습니다.

01

일	월	화
		1 신정
6 음 12.1	7	8
13	14	15
20 음 12.15	21	22
27	28	29

12

						1
2	3	4	5	6	7	8
9	10	11	12	13	14	15
16	17	18	19	20	21	22
23 30	24 31	25	26	27	28	29

2

					1	2
3	4	5	6	7	8	9
10	11	12	13	14	15	16
17	18	19	20	21	22	23
24	25	26	27	28		

(1일)　(2일)　(3일)　(4일)　(5일)

(6일)　(7일)　(8일)　(9일)　(10일)

(11일)　(12일)　(13일)　(14일)　(15일)

아이와 함께 그림책을 본 날

	수	목	금	토
	2	3	4	5
9	10	11	12	
16	17	18	19	
23	24	25	26	
30	31			

(16일) (17일) (18일) (19일) (20일)

(21일) (22일) (23일) (24일) (25일)

(26일) (27일) (28일) (29일) (30일) (31일)

이 달에 내가 읽고 싶은 책

제목	지은이	체크

이 달에 아이와 읽고 싶은 책

제목	지은이	체크

이 달의 행사

날짜	행사명	장소	메모	체크
/				
/				
/				
/				
/				
/				

이 달에 나를 위해 하고 싶은 일

하고 싶은 일	메모	체크

이 달에 가족과 함께 하고 싶은 일

하고 싶은 일	메모	체크

사고 싶은 것

품명	가격	물품 정보	메모	체크
	₩			
	₩			
	₩			
	₩			
	₩			
	₩			

01

1								2							
		1	2	3	4	5								1	2
6	7	8	9	10	11	12		3	4	5	6	7	8	9
13	14	15	16	17	18	19		10	11	12	13	14	15	16
20	21	22	23	24	25	26		17	18	19	20	21	22	23
27	28	29	30	31				24	25	26	27	28		

12/30
일요일

12/31
월요일

1
화요일

2
수요일

3
목요일

4
금요일

5
토요일

이번 주에 아이와 함께 읽은 그림책

책 제목 :

별점 : 엄마, 아빠 ☆☆☆☆☆   아이 ☆☆☆☆☆

아이와 함께 나눈 이야기 :

책 제목 :

별점 : 엄마, 아빠 ☆☆☆☆☆   아이 ☆☆☆☆☆

아이와 함께 나눈 이야기 :

책 제목 :

별점 : 엄마, 아빠 ☆☆☆☆☆   아이 ☆☆☆☆☆

아이와 함께 나눈 이야기 :

1월 첫째 주

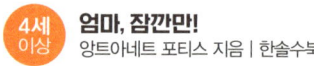

4세 이상 **엄마, 잠깐만!**
앙트아네트 포티스 지음 | 한솔수북

아이들과의 외출은 쉽지 않다. 아이들은 보고 싶은 것, 궁금한 것이 많다. 항상 '잠깐만'을 외치고는 구경하고, 들여다보고, 마음으로 반응한다. 질문은 그치지 않는다. 태어나서 처음 본 것투성이니 어쩔 수 없다. 예전에 봤던 것이라도 볼 때마다 조금씩 다르기 마련이다. 아이에게 세상은 신기함 그 자체다. 엄마라고 아이의 마음을 모르는 것은 아니다. 하지만 엄마에게는 할 일이 있다. 가야 할 곳이 있고 도착해야 할 시간이 있다. 그러다 보니 항상 아이를 잡아끈다. 이러다 정말 늦는다고!

앙트아네트 포티스의 그림은 단순하지만 섬세하다. 귀엽고 깜찍하지만 강렬하다. 그는 아이들의 마음을 잘 알고 아이 편에서 그림을 그린다. 아이의 눈이 무엇에 반응하는지 알고 아이가 어디에 집중하는지 안다. 책에서 아이는 계속 외친다. "엄마, 잠깐만!" 보고 싶은 것, 만지고 싶은 것이 세상에는 너무 많은데 엄마는 왜 이렇게 앞으로만 가는 것일까? 엄마 역시 할 말이 있을 것이다. 그곳에 가면 더 좋은 것이 있어. 빨리 가야지 소중한 것을 얻을 수 있다고. 네가 협조만 해주면 엄마는 너를 위해 뭐든 다 할 수 있을 거야.

그런데 그렇게 빨리 가서 얻을 수 있는 것은 무엇일까? 급하고 중요한 것인가? 급하고 중요하다고 누가 정한 것일까? 이렇게 앞으로 빨리 내달리면 우리는 행복해질까? 지금 아이의 눈길을 끄는 것들은, 스쳐가는 것은 다 의미 없는 것일까? 아름다운 것이란, 인생에서 정말 소중한 것이란 무엇일까? 나는 무엇을 위해 지금 살고 있는가? 이 아이와의 시간은 무엇으로 채워야 하나? 이 작은 책이 우리에게 묻고 있는 질문은 결코 작지 않다.

한 해의 그림책 여행을 시작하면서 이 작품을 고른 이유가 있다. 그림책을 읽는 시간만큼은 아이 곁에 머물기를 바라기 때문이다. 페이지를 넘기는 데 집중하지 말자. 부모 먼저 달려나가지 말자. 부모의 호흡이 아닌 아이의 호흡에 따라야 한다. 책이 아닌 아이의 눈을 보며 읽어야 한다. 아이가 더 보고 싶다면 그 페이지에 머물고, 덮고 싶다면 덮어도 좋다. 끝까지 읽었는지, 몇 권을 읽었는지는 전혀 중요하지 않다. 그저 아이가 본 것을 함께 보고 아이가 느낀 것을 함께 느끼려 해보자. 아이에게 무언가를 집어넣으려 애쓸 필요가 없다. 아이 스스로 온몸으로 반응하며 교감하고 있다. 그 반응과 교감이 가장 중요한 공부다.

책의 마지막, 아이는 혼자 걸어가는 엄마를 붙잡고 마음을 담아 말한다. "엄마 진짜 진짜로 잠깐만요." 엄마는 처음으로 멈춰서 아이의 말에 따른다. 아이가 가리키는 곳에는 아름다운 쌍무지개가 떠 있다. 엄마는 아이를 안고 함께 바라본다. 잠깐 멈춰서 그 시간에 머문다. 처음으로 둘은 같은 곳을 바라보고 있다. 쌍을 이뤄 펼쳐진 무지개보다 나란히 같은 곳을 바라보는 둘의 얼굴이 더 아름답다. 세상에서 가장 아름답고 소중한 시간이다.

#올해 첫 그림책 #심호흡 #아이와 함께하는 시간
#우리 같은 곳을 보자

함께 읽어보면 좋은 책

그림책 여행을 시작하기 좋은 또 다른 책들을 소개한다.

바쁘게 다니면 더 많은 것을 볼 것 같지만 천천히 움직여야, 아니 움직임을 멈춰야 볼 수 있는 것도 있다. 『게으를 때 보이는 세상』(우르슐라 팔루신스카 지음)은 가만히 누워 세상을 바라볼 때 보이는 풍경을 담은 책이다. 이야기보다 그림을 좋아하는 아이라면, 아이가 좀 더 나이가 있다면 이 책을 권한다. 바쁜 것이 나쁜 것은 아니다. 많은 순간 꼭 필요하기도 하다. 하지만 우리 모두는 안다. 오로지 바쁘기만 하다면 나쁜 것이다. 호흡을 조금 느리게 해서 세상을 봐야 할 때도 있다. 겨울이라 날은 춥지만 실내에서라도 이 책을 따라해보자. 방금 전까지도 보지 못했던 세상이 열릴지 모른다. 하나 더 추천하고 싶은 놀이가 있다. 아이의 눈높이로 바라본 세상과 부모의 눈높이로 본 세상은 사뭇 다르다. 눈높이를 상대에게 맞춰서 무엇이 눈에 띄는지 살펴보자. 그리고 이야기를 나누자. 우리는 서로 다르지만 모두가 옳다. 서로가 필요하다. 7세 이상.

『빨리빨리라고 말하지 마세요』(마스다 미리 글, 히라사와 잇페이 그림)는 부모에겐 뜨끔한 책이다. 아이들의 생생한 목소리가 나오기 때문이다. 이 책을 읽어주면 다소 난감한 처지에 빠질 수도 있다. 아이들이 자꾸 가져와 부모에게 읽으라고 한다. 혹 그렇더라도 당황하지 말자. 그저 미소를 지으며 같이 다시 읽어보자. 그리고 말해주자. 네 마음 알겠다면서, 이렇게라도 말해줘 고맙다고. 또 엄마나 아빠 마음은 이렇다고 솔직하게 말해주자. 아이가 자기 목소리를 낸다는 것은 고마운 일이다. 자기 말을 할 줄 모르는 아이라면 얼마나 또 힘들겠는가? 좋은 그림책은 아이들에게 말을 선물한다. 아이가 하고 싶지만 못했던 말을 대신 해준다. 그 덕에 아이와 솔직한 대화를 나눌 수 있다면 부모에게 그만큼 또 좋은 선물은 없다. 5세 이상.

01

1
	1	2	3	4	5
6	7	8	9	10	11	12
13	14	15	16	17	18	19
20	21	22	23	24	25	26
27	28	29	30	31

2
					1	2
3	4	5	6	7	8	9
10	11	12	13	14	15	16
17	18	19	20	21	22	23
24	25	26	27	28

6
일요일

7
월요일

8
화요일

9
수요일

10
목요일

11
금요일

12
토요일

이번 주에
아이와 함께 읽은 그림책

책 제목 :

별점 : 엄마, 아빠 ☆☆☆☆☆   아이 ☆☆☆☆☆

아이와 함께 나눈 이야기 :

책 제목 :

별점 : 엄마, 아빠 ☆☆☆☆☆   아이 ☆☆☆☆☆

아이와 함께 나눈 이야기 :

책 제목 :

별점 : 엄마, 아빠 ☆☆☆☆☆   아이 ☆☆☆☆☆

아이와 함께 나눈 이야기 :

1월 둘째 주

시메옹을 잃어버렸어요
4세 이상
가브리엘 뱅상 지음 | 황금여우

부모라면 대개는 아이를 사랑한다. 그러나 사랑이 무언지 말하기란 쉽지 않다. 백 명의 부모가 있다면, 백 명이 말하는 사랑은 다 다를지 모른다. 하지만 아이들의 바람은 분명하다. 내 마음을 알아주길 바라고 나를 무시하지 않길 바란다. 어른은 크고 아이는 작다. 부모는 강하고 아이는 약하다. 아이의 힘은 그저 울고 떼를 쓸 힘밖에 없다. 아이의 울음과 떼에 부모가 반응하지 않는다면 아이는 무력하다. 아이 역시 그것을 안다. 그래서 부모가 자신을 어떻게 대하는지에 늘 신경을 곤두세운다.

가브리엘 뱅상의 『시메옹을 잃어버렸어요』는 큰 곰 에르네스트와 작은 생쥐 셀레스틴의 이야기다. 산책 중에 펭귄 인형 시메옹을 잃어버린 셀레스틴. 그런 셀레스틴을 위해 에르네스트는 다른 인형들을 사 온다. 여러 인형이 생겼지만 셀레스틴에겐 조금도 위로가 되지 않는다. 셀레스틴에게 필요한 것은 그저 인형이 아니다. 자신이 사랑했던 펭귄 인형 시메옹이다. 원래 사랑은 바꿀 수 없다. 바꿀 수 있다면, 다른 것으로 대체할 수 있다면 사랑이 아니다. 에르네스트는 이런 셀레스틴의 마음을 이해한다. 그래서 셀레스틴에게 사랑하는 시메옹을 그리게 한다. 그리고 스케치를 바탕으로 직접 바느질을 해 다시 시메옹을 만든다.

아이들은 두려워한다. 부모가 나를 정말 필요로 할까? 내가 아니라 다른 아이여도 괜찮은 것은 아닐까? 그래서 자꾸 부모를 시험한다. 정말 나를 사랑하는지. 내가 꼭 필요한 것인지. 물론 부모인 우리는 아이의 시험을 이해하기 어렵다. 답답하다. 짜증도 난다. 왜 또 말을 안 듣고 엉뚱한 고집을 부리는 걸까? 아이는 무력하고 불안해서 부모를 흔드는데 부모는 아이의 흔들기를 견디기가 쉽지 않다. 모든 집에서 일어나는 밀고 당기기다. 그러니 한 해의 시작을 뱅상의 책으로 열어보는 것도 좋겠다.

뱅상은 정말 따뜻한 사람이다. 어쩌면 이럴 수 있을까 싶을 정도로 아이 마음을 알아준다. 포기하지 않고 아이의 편이 되어준다. 그의 책을 보다 보면 부모인 우리 역시 따뜻한 누군가를 만나고 싶어진다. 내 마음을 알아주고, 내 편이 되어줄 사람이 그리워진다. 그러면 행복할 텐데. 이 추운 겨울을, 답답한 현실을 좀 더 잘 살아낼 수 있을 텐데.

그리고 이내 결심하게 된다. 그래, 나라도 아이에게 그런 존재가 되어야지. 누구와도 바꿀 수 없는, 오직 하나뿐인 내 아이를 사랑해야지. 아이 마음을 궁금해하고 아이 바람을 이해하는 사람이 되어야지. 물론 사랑이란 쉽지 않다. 하지만 사랑하지 않고서야 행복해지기가 쉽지 않다. 행복해지려 오늘도 한발 더 다가간다. 아이 마음에. 우리는 부모니까.

#반려인형 #사랑의 방법 #아이의 편 #가브리엘 뱅상

함께 읽어보면 좋은 책

가브리엘 뱅상의 책이 마음에 들었다면 다른 책도 추천한다. 에르네스트와 셀레스틴 시리즈 중 『비 오는 날의 소풍』과 『미술관에서』, 그리고 『곰인형의 행복』은 모두 따뜻한 책이다. 작은 것을 소중히 여기고 함께하는 것이 행복하다는 것을 잔잔한 목소리로 이야기한다.

01

1
		1	2	3	4	5
6	7	8	9	10	11	12
13	14	15	16	17	18	19
20	21	22	23	24	25	26
27	28	29	30	31		

2
					1	2
3	4	5	6	7	8	9
10	11	12	13	14	15	16
17	18	19	20	21	22	23
24	25	26	27	28		

13
일요일

14
월요일

15
화요일

16
수요일

17
목요일

18
금요일

19
토요일

이번 주에
아이와 함께 읽은 그림책

책 제목 :

별점 : (엄마, 아빠) ☆☆☆☆☆　(아이) ☆☆☆☆☆

아이와 함께 나눈 이야기 :

책 제목 :

별점 : (엄마, 아빠) ☆☆☆☆☆　(아이) ☆☆☆☆☆

아이와 함께 나눈 이야기 :

책 제목 :

별점 : (엄마, 아빠) ☆☆☆☆☆　(아이) ☆☆☆☆☆

아이와 함께 나눈 이야기 :

1월 셋째 주

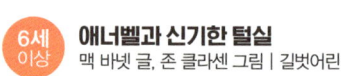

6세 이상 **애너벨과 신기한 털실**
맥 바넷 글, 존 클라센 그림 | 길벗어린이

겨울이 깊다. 외출을 하려면 모자와 목도리가 필요한 시간이다. 맥 바넷이 글을 쓰고 존 클라센이 그림을 그린 『애너벨과 신기한 털실』은 이 겨울에 어울리는 그림책이다.

애너벨은 어느 날 조그만 상자를 발견하는데, 그 상자에는 갖가지 색깔의 털실과 대바늘이 들어 있다. 놀랍게도 상자의 털실은 아무리 옷을 떠도 줄어들지 않는다. 애너벨은 털실로 친구들과 이웃들, 강아지와 곰, 심지어는 집과 나무에게도 알록달록 옷을 입힌다.

애너벨은 털실로 겨울을 따뜻하고 아름답게 바꾸어 놓는다. 애너벨이 원래부터 대단한 능력을 갖고 있던 것은 아니다. 그저 마법의 털실 상자를 주웠을 뿐이다. 아이들은 자신에게도 그런 기회가 주어지기를 바란다. 그러면 사람들에게 좋은 일을 해주고 사랑받을 수 있을 텐데 하며 부러워한다. 스스로의 힘으로 세상을 바꾸고, 타인의 인정과 사랑을 받기를 원하는 것이 아이들의 마음이다. 다만 방법이 막막할 뿐. 그런 소망을 대신 이뤄주는 애너벨에게 아이들은 빠져들고 함께 좋아한다.

이 책은 거기서 한발 더 나아간다. 먼 나라의 귀족이 애너벨에게 상자를 팔라고 한다. 엄청난 돈을 주겠다고. 애너벨이 거절하자 그는 상자를 훔친다. 하지만 훔친 상자엔 더 이상 털실이 남아 있지 않다. 상자는 순수하고 욕심 없는 애너벨이 열었을 때만 자기 안의 털실을 내어준다. 작가는 이처럼 세상에는 돈으로 살 수 없는 것이 있고 그것이 우리 삶에 더 소중하다고 말하고 있다. 물질은 영원할 수 없다. 그 물질에 의미를 부여하는 사람의 마음만이 영원함을 만들어낸다.

애너벨은 다양한 사람과 동물에게 스웨터를 짜준다. 생명이 없는 존재에게도 털옷을 입힌다. 재미난 점은 그의 털실은 끊어지지 않고 이어진다. 사람과 사람, 사람과 동물 사이를 가늘게 연결한다. 털실은 애너벨의 마음에서 우러나오는 사랑이자, 사랑이 이어주는 연대다. 그런 사랑과 연대만이 겨울을 버티게 한다. 우리가 살고 있는 시간이 얼어붙은 시절이라면 각자의 마음에서 따뜻함을 자아내 서로를 감싸야 한다. 그래야 애너벨처럼 우리도 행복할 수 있다.

아이가 이 책의 의미를 다 이해하기란 어려운 일이다. 하지만 아이도 안다. 겨울을 버티려면 따뜻한 것이 필요하다. 아이와 함께 따뜻한 것을 찾아보자. 따뜻한 코코아 한 잔, 목에 감긴 털실 목도리, 손에 쥔 핫팩. 핫팩을 따뜻하게 만들어 추위에 고생하는 분에게 아이와 함께 건네보자. 그 순간 아이는 따뜻함이 무언지 조금 더 느낄 수 있으리라. 겨울은 춥다. 하지만 춥기 때문에 우리는 따뜻함에 대해 더 잘 가르치고 배울 수 있다.

#사랑이 이어주는 연대 #따뜻함을 나눠요 #핫팩 #코코아 한 잔

함께 읽어보면 좋은 책

겨울 그림책을 정리해본다.

겨울하면 우선 눈이 떠오르기 마련이다. 아이들에겐 더욱 그렇다. 눈이 오면 생각나는 그림책 중 첫손가락으로 꼽는 책은 박보미 작가의 『첫눈』이다. 사카이 고마코의 『눈이 그치면』도 좋다. 이 분야의 고전은 에즈라 잭 키츠의 『눈 오는 날』이 있는데 모두 설렘과 따뜻함을 담은 책들이다. 아이들은 어떻게 눈이 내릴 수 있는지 궁금해한다. 지식 그림책들이 있지만 필리스 루트의 『겨울 할머니』를 통해 눈이 오는 이유를 민담으로 말해줄 수도 있다. 그리고 보니 레이먼드 브릭스의 『눈사람 아저씨』를 이야기하지 않았다. 눈 내린 풍경은 왠지 현실에서 조금 벗어난 듯 보인다. 하얀 도화지 위에 마음껏 환상을 그릴 수 있을 듯싶다. 레이먼드 브릭스의 눈사람은 아이들을 데리고 무한한 상상으로 날아간다.

눈을 직접 표현하지는 않지만 에우게니 M. 라쵸프의 『장갑』은 추운 겨울날 눈 쌓인 벌판을 배경으로 이야기가 이어진다. 동물들이 너도나도 장갑에 들어가려 하는데 그 이유가 들판에 차가운 눈이 쌓여 있기 때문이다. 이 그림책의 묘미는 불가능한 상황을 사실적인 그림으로 그려낸 데 있다. 버지니아 리 버튼의 『케이티와 폭설』은 남자아이들이 유난히 좋아한다. 여러 중장비들이 나오기 때문인데 특히 트랙터가 멋진 활약을 보이는 모습에 아이들은 신나 한다. 반면 이와사키 치히로의 『눈 오는 날의 생일』은 아름다운 수채화 그림에 부모들이 먼저 반하는 그림책이다.

겨울은 추워서인지 역으로 따뜻한 그림책이 많다. 니이미 난키치의 『아기여우와 털장갑』은 달빛 비치는 밤 엄마와 아기 여우가 함께 걷는 모습이 참 아름다운 책이다. 용감한 아기 여우의 모험에 아이들은 조마조마한 마음으로 응원을 보낸다. 이철환 글, 유기훈 그림의 『아버지의 자전거』는 나보다 더 어려운 사람을 위할 줄 아는 아버지의 이야기다. 감동적인 이야기가 서정적이고 아름다운 그림과 함께 나온다. 눈 내리는 마지막 장면이 일품인데 뭔가 헛헛하면서도 가슴 깊숙한 곳에서 따뜻함이 올라온다. 각각 4~5세와 초등학생에게 추천한다.

겨울 풍경을 담담히 보여주는 그림책들도 있다. 유리 슐레비츠의 『겨울 저녁』은 거리에 하나둘 불빛이 켜지며 크리스마스를 향해 움직이는 대도시의 풍경이 조금은 쓸쓸하고 조금은 낭만적으로 그려진다. 윤구병 글, 이태수 그림의 『우리끼리 가자』에선 흥미진진한 이야기가 우리네 시골의 자연 풍경을 배경으로 펼쳐지고 데지마 게이자부로의 『북쪽 나라 여우 이야기』는 서늘한 목판화로 표현한 북구의 자연 풍경이 마음을 설레게 한다. 7살 이상 아이들에게 추천한다. 마지막으로 로트라우트 수잔네 베르너의 병풍 그림책 『수잔네의 겨울』을 빼먹을 수 없다. 보고 또 보고, 찾고 또 찾아가며 아이와 긴긴 겨울밤을 보내기에 좋은 책이다.

01

1
		1	2	3	4	5
6	7	8	9	10	11	12
13	14	15	16	17	18	19
20	21	22	23	24	25	26
27	28	29	30	31		

2
					1	2
3	4	5	6	7	8	9
10	11	12	13	14	15	16
17	18	19	20	21	22	23
24	25	26	27	28		

20 일요일

21 월요일

22 화요일

23 수요일

24 목요일

25 금요일

26 토요일

이번 주에
아이와 함께 읽은 그림책

책 제목 :

별점 : 엄마, 아빠 ☆☆☆☆☆　아이 ☆☆☆☆☆

아이와 함께 나눈 이야기 :

책 제목 :

별점 : 엄마, 아빠 ☆☆☆☆☆　아이 ☆☆☆☆☆

아이와 함께 나눈 이야기 :

책 제목 :

별점 : 엄마, 아빠 ☆☆☆☆☆　아이 ☆☆☆☆☆

아이와 함께 나눈 이야기 :

1월 넷째 주

두더지의 고민
김상근 지음 | 사계절

6세 이상

언제나 부모만 바라고 살 것 같지만 아이가 부모에게 집중하는 시간은 오래 가지 않는다. 친구를 만나기 시작하면 아이에겐 친구가 우선이다. 아이들의 가장 큰 즐거움은 친구와의 놀이고, 가장 큰 고민은 친구와의 관계다. 아이들은 친구가 자신을 봐주길 원하고, 친구와 함께 재미나게 놀고 싶어 한다. 서너 살 아이들은 아직 함께 주고받으며 놀 줄은 모르지만 그럼에도 또래 친구가 곁에 있으면 표정이 밝아진다. 동작이 커지고 반응은 빨라진다. 한마디로 신이 나는 것이다.

김상근 작가의 『두더지의 고민』은 친구가 없어서 고민인 두더지의 이야기다. 두더지가 친구가 없는 이유는 땅속에만 있기 때문이다. 자기 세계에만 머무르려 하고 부끄러움이 많은 아이라면 친구를 사귀기 어렵다. 그 모습이 꼭 두더지 같다. 하지만 두더지에게도 기회가 온다. 겨울이고 하늘에서 눈이 내린다. 두더지는 늘 그리하듯 눈에 파묻혀 눈을 굴린다. 굴러가며 눈덩이는 점점 커져 많은 친구를 삼켜버린다. 곰도, 멧돼지도, 여우도 두더지의 눈덩이 속에 들어온다. 누구나 하나쯤은 잘하는 것이 있기 마련이다. 두더지는 커다란 눈덩이에 갇힌 친구들을 위해 동굴을

판다. 동굴 파기라면 두더지가 선수니까. 두더지 덕분에 모두가 무사히 탈출한다. 탈출한 동물 친구들 앞에 환한 해가 비추고 모두는 신이 나서 함께 어울린다.

늘 동굴에 갇혀 사는 두더지라고 친구를 사귀고 싶은 생각이 없는 것은 아니다. 따뜻한 마음이 없는 것도 아니다. 그저 쑥스러웠고, 다가가기 어려웠고, 친구들이 자기를 좋아해 줄지 믿음이 없었을 뿐이다. 하지만 어울리다 보면 기회가 온다. 친구들 역시 친구가 필요하다. 내가 친구가 필요하듯, 친구들은 나를 필요로 한다. 김상근 작가의 그림책에는 설명이 없다. 그저 아이들이 공감할 주인공이 있고, 아이가 듣고 싶은 이야기가 있다. 아이들은 책을 읽으며 위로를 받고, 삶의 어려움을 통과할 힌트를 얻는다. 아이들에겐 가르침이 필요한 것이 아니다. 경험이 필요하고 자기 삶에 대한 인정이 필요하다. 무엇보다 시간이 필요하고, 그 시간 동안 아이 곁에서 응원해줄 사람이 필요하다.

겨울은 친구들을 만나기도 어려운 계절이다. 밖은 춥고, 놀 거리도 부족하다. 아이들은 친구가 그립지만 한편으로는 걱정도 된다. 친구들이 나를 좋아할까? 나를 괴롭히진 않을까? 함께 재밌게 놀 수 있을까? 그럴 때 이 책이 도움이 될 수 있다. "네 모습 그대로도 괜찮아. 네가 친구를 도와주면 친구도 네 편이 되어줄 거야. 우리도 다음에 눈이 오면 밖에 나가 신나게 놀자. 친구들과 함께. 너무 신나겠지?"

#친구 만들기 #나랑 놀래? #친구들 역시 친구가 필요하다

함께 읽어보면 좋은 책

이 그림책과 결이 비슷한 책으로 피터 브라운의 「나랑 친구 하자!」가 있다. 얼른 친구가 생기지 않는다고 실망할 필요 없다. 있는 그대로의 나를 좋아하는 친구가 진짜 친구다. 잘 보이려 애쓰지 말고 솔직하게 자신을 보여주자. 분명 언젠가 자신에게 맞는 친구가 생길 것이다. 앤서니 브라운의 「우리는 친구」도 추천한다. 친구가 일단 되었다면 서로에 대한 배려가 필요하다. 상대의 편이 되어주는 것, 오래가는 친구를 만드는 유일한 비결이다.

01

1
		1	2	3	4	5
6	7	8	9	10	11	12
13	14	15	16	17	18	19
20	21	22	23	24	25	26
27	28	29	30	31		

2
					1	2
3	4	5	6	7	8	9
10	11	12	13	14	15	16
17	18	19	20	21	22	23
24	25	26	27	28		

27 일요일

28 월요일

29 화요일

30 수요일

31 목요일

2/1 금요일

2 토요일

이번 주에
아이와 함께 읽은 그림책

책 제목 :

별점 : 엄마, 아빠 ☆☆☆☆☆   아이 ☆☆☆☆☆

아이와 함께 나눈 이야기 :

책 제목 :

별점 : 엄마, 아빠 ☆☆☆☆☆   아이 ☆☆☆☆☆

아이와 함께 나눈 이야기 :

책 제목 :

별점 : 엄마, 아빠 ☆☆☆☆☆   아이 ☆☆☆☆☆

아이와 함께 나눈 이야기 :

··· 1월 다섯째 주

6세 이상 **부엉이와 보름달**
제인 욜런 글, 존 쇤헤어 그림 | 시공주니어

가끔은 딱히 무슨 이야기인지 모르겠지만 끌리는 이야기가 있다. 뭐라 설명할 수 없지만 가슴을 툭 건드리는 이야기가 있다. 존 쇤헤르가 그림을 그리고 제인 욜런이 글을 쓴 『부엉이와 보름달』이 바로 그런 책이다.

줄거리는 단순하다. 추운 겨울 보름달이 떠오른 날, 아빠는 아이를 데리고 부엉이 구경을 떠난다. 부엉이 구경에선 침묵이 중요하다. 평소 같으면 재잘댔을 아이지만 아무 말도 하지 않는다. 그저 아빠를 따라 묵묵히 산속으로 걸어 들어간다. 시커먼 소나무들이 하늘을 찌를 듯이 서 있는 곳. 그곳에서 아빠는 부엉이 소리를 흉내 내며 부엉이를 부른다. 부엉이는 쉬이 나타나지 않는다.

더 깊은 곳으로 들어간다. 귀가 떨어져 나갈 듯 춥다. 이렇게 컴컴한 숲속이라니, 무섭다. 그러나 아빠와 함께 부엉이를 보러 가는 길. 아이는 아무 말 없이 걸음을 옮긴다. 그리고 마침내 나타난 부엉이. 부엉이와 아이는 서로를 마주 본다. 아무 말도 없이. 아니, 말이 필요 없이. 몇 분 후 부엉이는 떠나고 아이는 아빠에게 안겨 집으로 돌아온다.

부엉이는 그리스 신화에서 지혜의 여신 아테나의 상징이다. 깜깜한 밤에 만 활동하고 쉽게 눈에 띄지 않는다. 지혜의 속성도 이와 같다. 쉽게 발견하기 어렵고 얻기 위해선 암흑 속에서 헤매는 과정이 필요하다. 지혜를 다루기 위해서는 아이 내부에 그에 걸맞은 용기와 인내가 있어야 한다. 부엉이를 만나러 가는 것은 아이가 지혜를 발견하고, 삶을 긴 안목으로 볼 수 있는 시기가 되었음을 상징하는 통과의례이다.

아이는 어느 정도 커야 부엉이 구경을 나갈 수 있다. 부엉이 구경을 가려면 추위를 견뎌야 하고, 무서움을 견뎌야 하고, 침묵을 견딜 수 있어야 한다. 부엉이를 볼 수 있다는 것은 그만큼 성장했음을 의미한다. 아이가 어느 정도 자라야 아빠는 부엉이 구경에 데리고 나선다. 하지만 아이를 돕지는 않는다. 그저 앞서 걸을 뿐 아이 손을 잡거나 두려움을 달래주지 않는다. 심지어 말도 걸지 않고 조용히 스스로 걷도록 한다. 성장이란 자신이 하는 것. 부모는 그저 옆을 걸을 뿐이다. 돕는다는 것이 지나치면 아이를 언제까지나 아이로 머물게 만든다.

그림책에서 아이는 자기 발로 걸어, 스스로 두려움을 이겨내고 마침내 부엉이를 만난다. 부엉이 눈을 정면으로 보고 이제 아이는 한 뼘 더 성장한다. 본능적인 욕구의 세계를 넘어 인내와 지혜, 용기라는 미덕의 세계로 들어간다. 이제 더 이상 어린아이가 아니다. 모든 아이는 성장하고 싶어 한다. 다만 두려운 일은 피하고 싶다. 그래도 두려움에 맞설 때 아이는 성장한다. 겨울은 춥지만 성장의 계절이다. 곧 설이 오고 아이는 한 살 더 먹는다. 아이를 믿고 도전하게 하자. 곁에 머물되 나서서 해결하지 말고 아이에게 기회를 주자.

#침묵 #통과의례 #겨울은 성장의 계절
#성장이란 스스로 하는 것 #부모의 역할

02

일	월	화
3	4	5 설날　　　　음 1.1
10	11	12
17	18	19　　　　음 1.15
24	25	26

1

	1	2	3	4	5
6	7	8	9	10	11	12
13	14	15	16	17	18	19
20	21	22	23	24	25	26
27	28	29	30	31

3

					1	2
3	4	5	6	7	8	9
10	11	12	13	14	15	16
17	18	19	20	21	22	23
24 /31	25	26	27	28	29	30

1일　2일　3일　4일　5일

6일　7일　8일　9일　10일

11일　12일　13일　14일　15일

아이와 함께 그림책을 본 날

수	목	금	토
		1	2
6	7	8	9
13	14	15	16
20	21	22	23
27	28		

- 16일
- 17일
- 18일
- 19일
- 20일
- 21일
- 22일
- 23일
- 24일
- 25일
- 26일
- 27일
- 28일

이 달에 내가 읽고 싶은 책

제목	지은이	체크

이 달에 아이와 읽고 싶은 책

제목	지은이	체크

이 달의 행사

날짜	행사명	장소	메모	체크
/				
/				
/				
/				
/				
/				

이 달에 나를 위해 하고 싶은 일

하고 싶은 일	메모	체크

이 달에 가족과 함께 하고 싶은 일

하고 싶은 일	메모	체크

사고 싶은 것

품명	가격	물품 정보	메모	체크
	₩			
	₩			
	₩			
	₩			
	₩			
	₩			

02

2
					1	2
3	4	5	6	7	8	9
10	11	12	13	14	15	16
17	18	19	20	21	22	23
24	25	26	27	28		

3
					1	2
3	4	5	6	7	8	9
10	11	12	13	14	15	16
17	18	19	20	21	22	23
24/31	25	26	27	28	29	30

3
일요일

4
월요일

5
화요일

6
수요일

7
목요일

8
금요일

9
토요일

이번 주에
아이와 함께 읽은 그림책

책 제목 :

별점 : 엄마, 아빠 ☆☆☆☆☆　아이 ☆☆☆☆☆

아이와 함께 나눈 이야기 :

책 제목 :

별점 : 엄마, 아빠 ☆☆☆☆☆　아이 ☆☆☆☆☆

아이와 함께 나눈 이야기 :

책 제목 :

별점 : 엄마, 아빠 ☆☆☆☆☆　아이 ☆☆☆☆☆

아이와 함께 나눈 이야기 :

2월 첫째 주

 신발 귀신 앙괭이의 설날
5세 이상   김미혜 글, 김홍모 그림 | 비룡소

설이 왔다. 조금 큰 아이에겐 설날이 신나는 날이지만 대여섯 살 미만의 아이라면 설이라고 좋을 것은 없다. 오히려 귀찮을 수도 있다. 그럴 때 그림책이 도움이 된다. 설에 대해 함께 알아보고, 미리 준비하다 보면 아이는 즐거운 기대를 갖는다. 명절을 그저 정신없이 보내는 시끄러운 하루가 아닌 의미 있는 하루로 느끼는 데도 도움이 된다. 어떤 그림책이 좋을까? 좋은 책이 많지만 이런 날은 옛이야기 한 토막이 아무래도 잘 어울린다.『신발 귀신 앙괭이의 설날』은 재미도 있고, 의미도 있는 설날맞이 그림책이다. 명절 분위기를 내기에도 딱이다.

앙괭이는 작은 귀신이다. 설날이면 색동옷을 입고 집집마다 돌아다니며 아이들의 신발을 훔쳐간다. 앙괭이가 신발을 가져가면 그 해는 재수가 없다. 신발을 잃어버리지 않기 위해 아이들은 새로 산 신발을 뒤집어놓거나 방에 감춘다. 나무에 체를 걸어두기도 한다. 체에 뚫린 구멍이 몇 개인지 세다가 앙괭이가 신발 가져가는 것을 깜빡 잊기 때문이다.

아이들은 앙괭이 이야기에 쉽게 흥미를 느낀다. 무엇보다 앙괭이가 아이들 신발만 훔치기 때문이다. 게다가 앙괭이는 작다. 색동옷도 입었다. 자신과 닮은꼴이다. 아이들은 또래를 좋아하고 자기와 닮은꼴을 좋아한다. 그뿐이랴. 앙괭이는 왠지 무섭지 않다. 귀신이라지만 만만하다. 생긴 것도 어설프고, 하는 짓도 어리석어 붙어도 이길 수 있을 것 같다. 아이들은 만만한 귀신이 나오면 신이 난다. 귀신은 초자연적인 존재다. 볼 수도, 잡을 수도 없다. 아이들이 느끼는 삶이, 운명이 그렇다. 예상치 못한 일이 계속 일어나고 통제 범위 바깥에서 대부분의 일이 흘러간다. 하지만 한번쯤 이겨보고 싶다. 내가 속아 넘어가지 않고 내가 속여 넘기고 싶다. 그래서 아이들은 어설픈 귀신과 도깨비 이야기를 좋아한다. 통제할 수 없는 현재와 미래를 통제하고 싶기 때문이다.

새 신발은 새로운 출발을 의미한다. 아이는 이제 한 살 더 먹었고 새로운 해를 살아내야 한다. 밝고 건강하고 씩씩하게. 운명의 장난에 휘둘리지 않고 스스로 자기 삶을 지키고 싶다. 책을 함께 읽으며 아이에게 말해주자. "우리 아들도 앙괭이쯤은 쉽게 이길 수 있을 거야. 주인공 소원이처럼 멋진 방법을 생각해보자. 그러면 소원이처럼 앙괭이의 친구가 될지도 몰라." 시간을 제대로 살아내면 시간은 우리의 친구가 된다. 올 한 해 아이와 함께 잘 살아가 보자. 그 시간이 아이와 나의 소중한 친구, 추억으로 남게 되리라.

#설날맞이 그림책 #꼬마 귀신 앙괭이 #떡국 #나이 먹는 게 좋을 때

함께 읽어보면 좋은 책

7세 이상이라면 글밥이 다소 많은 『손 큰 할머니의 만두 만들기』(채인선 글, 이억배 그림)도 설날에 어울리는 책이다. 리듬감 있는 문장과 우리의 민속 풍경이 잘 담긴 그림이 어우러져 있다. 3~4세의 어린 아이라면 문학동네에서 나온 『설날』이 좋다. 우리가 모두 아는 윤극영 선생님의 노랫말에 그림을 붙여 아이에게 노래하듯 읽어주기 좋다.

02

2						
					1	2
3	4	5	6	7	8	9
10	11	12	13	14	15	16
17	18	19	20	21	22	23
24	25	26	27	28		

3						
					1	2
3	4	5	6	7	8	9
10	11	12	13	14	15	16
17	18	19	20	21	22	23
24 31	25	26	27	28	29	30

10
일요일

11
월요일

12
화요일

13
수요일

14
목요일

15
금요일

16
토요일

이번 주에
아이와 함께 읽은 그림책

책 제목 :

별점 : 엄마, 아빠 ☆☆☆☆☆   아이 ☆☆☆☆☆

아이와 함께 나눈 이야기 :

책 제목 :

별점 : 엄마, 아빠 ☆☆☆☆☆   아이 ☆☆☆☆☆

아이와 함께 나눈 이야기 :

책 제목 :

별점 : 엄마, 아빠 ☆☆☆☆☆   아이 ☆☆☆☆☆

아이와 함께 나눈 이야기 :

2월 둘째 주

빵 공장이 들썩들썩
구도 노리코 지음 | 책읽는곰

아이들은 끊임없이 사고를 친다. 일부러 그러는 것은 아니다. 그저 본능대로 행동할 뿐인데 말썽이 되고 문제가 생긴다. 구도 노리코의 '우당탕탕 야옹이' 시리즈의 여덟 마리 고양이. 이 고양이들이 꼭 아이들의 모습이다. 호기심이 있었을 뿐인데, 자기도 한번 해보고 싶었을 뿐인데, 좋은 뜻으로 시도한 것인데 상황은 엉뚱하게 흘러간다. 수습할 수 없는 상황이 벌어지고 만다.

아이가 사고를 쳐봐야 뭐 얼마나 하겠냐는 말은 모르는 소리. 매일같이 보고 있는 부모의 입장에선 견디기 쉽지 않다. 수습하면 또 사고를 치고, 해결하면 또 문제를 벌이는 아이들. 게다가 어떤 사고는 수습이 쉽지 않다. 구도 노리코의 우당탕탕 야옹이들이 벌이는 사건도 스케일이 결코 작지 않다.

빵 공장에 밤에 몰래 들어가 빵을 만들던 야옹이들은 너무 큰 빵을 만들다 그만 공장을 날려버린다. 비현실적이어서 오히려 웃음이 나오고 마는 과장된 설정이다. 아이들은 과장을 좋아한다. 평범한 반응은 시시하다. 전개 역시 마찬가지다. 잘못을 저지르고 야단을 맞고, 이런 뻔한 이야기라면 재미가 없다. 반전의 묘미가 있어야 한다. 공장 주인은 빵 공장을 무너뜨릴 정도로 커다랗게 만든 빵으로 빵 축제를 연다. 야옹이들은 잘못을 책임지기 위해 축제의 일꾼이 되어 장사를 돕는다.

구도 노리코는 유머를 아는 작가다. 재밌고 웃긴 이야기지만 주인공인 야옹이들은 아무 표정 변화가 없다. 농담은 이처럼 웃지 않는 사람이 해야 최고의 효과를 낸다. 게다가 이들은 사고를 칠 의도가 없다. 자신의 목적에 맞게 제대로 행동했는데 작은 실수로 인해 일은 걷잡을 수 없게 흘러간다. 의도적으로 낸 사고라면 재미있지 않다. 진지한 사람이 진지하게 한 행동인데 그로 인해 엉뚱한 사고가 일어나야 쫄깃한 이야기가 된다.

게다가 아이들은 또래들이 당하는 것을 보며 좋아하곤 한다. 좀 잔인해 보이지만 쌤통이라 여긴다. 내가 못 치는 장난을 너는 쳤잖아. 그래서 재미 좀 봤으니 이제 고생을 해야지. 아이는 야옹이들이 마지막까지 땀을 흘리며 고생하는 모습을 보며 신나 한다. 물론 그러면서 배운다. 장난을 심하게 치면 안 되겠구나. 장난치지 말라고 진지하게 야단치는 것보다 이런 재미난 이야기가 몇 배의 효과가 있다.

2월은 아직 추워 답답한 날이 이어진다. 이럴 때는 유쾌한 그림책이 최고다. 재미난 이야기를 읽으며 아이와 신나게 웃어보자. 웃고 떠드는 시간이 우리에게 주는 선물은 관계다. 함께 웃는 사이, 이야기를 하다 보면 시간 가는 줄 모르는 사이. 아이와 이런 관계를 맺을 수 있다면 육아는 한결 쉬워진다.

#호기심 #사건사고 #장난꾸러기
#그러려고 그런 거 아닌데 #인과응보

02

2
					1	2
3	4	5	6	7	8	9
10	11	12	13	14	15	16
17	**18**	**19**	**20**	**21**	**22**	**23**
24	25	26	27	28		

3
					1	2
3	4	5	6	7	8	9
10	11	12	13	14	15	16
17	18	19	20	21	22	23
24 31	25	26	27	28	29	30

17
일요일

18
월요일

19
화요일

20
수요일

21
목요일

22
금요일

23
토요일

이번 주에
아이와 함께 읽은 그림책

책 제목 :

별점 : 엄마, 아빠 ☆☆☆☆☆   아이 ☆☆☆☆☆

아이와 함께 나눈 이야기 :

책 제목 :

별점 : 엄마, 아빠 ☆☆☆☆☆   아이 ☆☆☆☆☆

아이와 함께 나눈 이야기 :

책 제목 :

별점 : 엄마, 아빠 ☆☆☆☆☆   아이 ☆☆☆☆☆

아이와 함께 나눈 이야기 :

2월 셋째 주

고구마구마
사이다 지음 | 반달

아이들은 말놀이에 자지러진다. 별로 웃기지도 않은데 몸을 배배 꼬며 웃음을 참지 못한다. 『고구마구마』는 고구마의 '구마'가 감탄형 어미로 쓸 수 있다는 점에 착안해 이야기를 만들어간다. 모든 문장은 '구마'로 끝난다. '고구마는 둥글구마.' '배가 빵빵하구마.' '빵! 뀌었구마!' '독하구마.' 이렇게 문장을 이어가다 보면 아이도 한 문장쯤 거들기 마련이다. "이 책 재미있구마." "책 읽다 보니 배고프구마." 아이가 그렇게 문장을 만들어 한몫 거든다면 이미 대성공이다.

『고구마구마』를 지은 작가는 필명이 사이다다. 고구마 이야기의 작가 이름이 사이다라니! 일부러 꼭 맞췄구나 싶다. 아이들은 여기서부터 웃음이 터진다. 스토리 전개에도 유머가 가득하다. 이런 저런 고구마를 찌고 굽고 튀겨 먹는다. 둥근 고구마, 긴 고구마, 큰 고구마, 작은 고구마, 굽은 고구마, 배가 불룩한 고구마, 털이 난 고구마까지. 고구마 잔치가 열려 목이 메도록 맛나게 먹고 나니 배가 빵빵해진다. 그러더니 방구가 빵! 방구는 역시 아이들에겐 웃음 폭탄이다. 방구를 뀐 고구마는 속이 시원해졌지만 방구를 맞은 고구마들은 독하다며 쓰러진다. 이 이야기의 절정이 이 부분이다. 아이들은 여기만 수십 번 반복하면서 꺽꺽거리고 웃어댄다.

잘 짜인 이야기, 감각적인 언어유희, 게다가 그림까지 최고다. 아이들은 제각기 다른 여러 고구마의 눈과 콧구멍, 입을 찾아가며 신나 한다. 귀엽고 깜찍하며 재밌는 그림이다. 이 책을 읽어주다 보면 부모도 웃지 않을 수 없다. 아이들은 부모마저 웃어버리는 이야기가 무척 신기하다. 엄마, 아빠도 나와 똑같이 재미있구나. 이 책을 보면 우리가 함께 웃을 수 있구나.

책은 뭐니 뭐니 해도 재미난 책이 최고다. 아니라고 말하는 사람도 있겠지만 나는 그렇게 생각한다. 책이 즐거움을 주고, 행복감을 줄 때 아이는 책을 찾는다. 지루한데 억지로 참고 읽어야 하면 부모가 강요하지 않는 순간 아이는 독서를 멈춘다. 물론 모든 책이 재미날 수 없다. 우리 인생이 그러하듯이. 하지만 재미난 책은 자주 필요하다. 우리 인생이 그렇듯 말이다. 사랑하는 사람과 웃고 즐기는 순간이 없다면 삶은 오래지 않아 부담이 되고 만다.

자, 말놀이를 계속해보자. 여기서 멈출 수는 없다. 최승호 시인의 '말놀이 동시집' 시리즈도 참고해보자. 말놀이만으로도 얼마든지 아이와 한참을 놀 수 있다. 언어를 습득하고 발전시키는 데도 말놀이만큼 좋은 방법은 없다. 그러나 공부를 위해서가 아니라 즐거움을 위해서 우리 같이 신나게 말놀이를 해볼 꺼구마. 기대가 되는구마.

#말놀이 #고구마를 구웠구마 #방구 폭탄 #웃음 폭탄

함께 읽어보면 좋은 책

고구마 이야기라면 『아주 아주 큰 고구마』(아까바 스에끼찌 지음)도 읽지 않을 수 없다. 상상의 끝까지 가보고 싶은 아이들의 소망, 아이들의 놀이를 잘 보여주는 책이다. 고구마처럼 맛나고 재미난 책이다.

02

2
				1	2
3	4	5	6	7	8	9
10	11	12	13	14	15	16
17	18	19	20	21	22	23
24	25	26	27	28		

3
					1	2
3	4	5	6	7	8	9
10	11	12	13	14	15	16
17	18	19	20	21	22	23
24/31	25	26	27	28	29	30

24
일요일

25
월요일

26
화요일

27
수요일

28
목요일

3/1
금요일

2
토요일

이번 주에
아이와 함께 읽은 그림책

책 제목 :

별점 : 엄마, 아빠 ☆☆☆☆☆   아이 ☆☆☆☆☆

아이와 함께 나눈 이야기 :

책 제목 :

별점 : 엄마, 아빠 ☆☆☆☆☆   아이 ☆☆☆☆☆

아이와 함께 나눈 이야기 :

책 제목 :

별점 : 엄마, 아빠 ☆☆☆☆☆   아이 ☆☆☆☆☆

아이와 함께 나눈 이야기 :

2월 넷째 주

 블랙 독
레비 핀폴드 지음 | 북스토리아이

새로운 학기가 다가오고 있다. 아이들의 마음속에 숨죽이고 있던 걱정도 조금씩 몸집을 불린다. 새로운 선생님은 어떤 분일까? 친구들도 달라지려나? 한 살 더 먹었으니 잘해야 한다는데 잘하는 건 뭐지? 불안이 높은 아이들은 새 학기가 다가오면 버거워한다. 부모와 잘 떨어지다가도 다시 아침마다 헤어짐을 힘들어한다. 머리가 아프다, 배가 아프다며 징징대는 아이도 있고, 눈을 찡긋거리거나 어깨를 들썩이는 등 틱을 하는 아이도 생긴다. 그 정도로 심하지는 않더라도 아이들 마음 한구석엔 다 조금씩 불안이 있다.

걱정이란 실체가 없다. 삶에서 불행은 얼마든지 닥칠 수 있다. 모든 위험을 막기란 불가능하다. 어른들이 곁에서 도울 테니 나쁜 일이 생기지 않을 거라 말해주지만 절대로 안 생기냐고 물어오면 고개를 끄덕이기 쉽지 않다. 실은 부모도 똑같이 두렵다. 별일 없어야 할 텐데. 올 한 해도 아이가 즐겁게 생활해야 할 텐데. 선생님과 우리 아이가 잘 맞을까?

불안이 높아지는 2월의 마지막 주에는 레비 핀폴드의 『블랙 독』이 어울린다. 숲속에 있는 가족의 집 앞에 커다란 검정개가 등장한다. 저렇게 큰 검정개라니. 너무 위험해! 가족들은 모두 놀라 이불 속으로 숨는다. 개는 점점 몸집을 불린다. 호랑이만 하다가 코끼리만 해지고 조금 지나자 티라노사우루스보다 커진다. 검정개는 불안이다. 두려움이다. 두려움은 두려움을 먹고 자란다. 두려워할수록 우리는 두려움의 대상을 피한다. 피하면 안심이 되고 부딪히면 불안하기 때문이다. 그런데 피하면 피할수록 두려움은 커진다. 처음에는 조금 거슬리던 것이 도저히 상대하기 어려울 듯싶고 마침내 부딪히면 큰 위험이 닥칠 것만 같다. 나는 쪼그라들고 두려움의 상대는 커진다.

이 그림책의 주인공은 가족의 막내다. 막내인 꼬맹이는 검정개가 두렵지 않았다. 문을 열고 검정개에게 다가가 함께 숲과 놀이터를 달린다. 꼬맹이와 함께 놀기 위해 검정개는 점점 작아진다. 두려움으로 커졌던 검정개는 점점 작아져 이젠 빨래 바구니에도 들어갈 만큼 작아진다. 그리고 꼬맹이와 친구가 된다.

아이들은 이 책을 읽으며 가장 작은 꼬맹이가 가장 큰 용기를 내어 멋진 일을 해낸 것에 무척 즐거워한다. 읽고 또 읽는다. 자신에겐 그렇게 해낼 수 있는 용기가 아직 없지만 그래도 따라 배우고 싶다. 그때 아이에게 또 부모 자신에게도 말해보자. "용기까지 필요하진 않아. 그저 두려움만 버리면 돼. 커다란 검정개는 없었어. 가족들이 겁먹다 보니 점점 크게 보였을 뿐이야. 새 학기에도 작년처럼 좋은 일이 많을 거야. 겁먹을 필요 없어. 늘 하던 대로 재밌게 지내보자."

#새 학기 #불안 #걱정 #두려움 #작고도 큰 용기

함께 읽어보면 좋은 책

불안을 다루는 책들.
새로운 사람을 만나고, 새로운 상황에 부딪히는 것은 두렵다. 두려움이 커지면 자기만의 세계로 도망쳐 숨어 있고만 싶다. 안트예 담의 『색깔손님』은 불안 때문에 자기 세계에 숨어버린 친구들을 다독이는 책이다. 겁먹지 말라고, 자꾸 만나면 익숙해질 것이라고, 행복은 만남에서 오는 것이라며 격려해준다. 사진에 그림을 오려붙인 콜라주가 독특한 입체적인 느낌을 준다. 그림만으로도 꼭 볼만한 가치가 있는 아름다운 책이다.

아이의 불안을 다루는 책은 그밖에도 무척 많다. 우선 부끄러움부터. 남 앞에 나서는 것이 너무나 부끄러운 아이라면 로르 몽루부의 『얼굴이 빨개져도 괜찮아』를 권한다. 늘 얼굴이 빨개져 못난이 토마토로 불리는 주인공 미리암은 내일 발표를 앞두고 가슴이 터질 것만 같다. 하지만 선생님 덕분에 미리암은 깨닫는다. 나만 부끄러운 것이 아니었어. 나만 얼굴이 빨개지는 것이 아니었어. 용기를 낸 미리암은 멋지게 시를 외운다. 그렇다. 힘들지만 도전이 중요하다. 도전에 성공한 미리암은 이제 더 이상 빨간 얼굴의 주인도, 부끄러움의 주인도 아니다.

크리스틴 노만 빌맹의 『너무 부끄러워』는 재미난 플랩 그림책이다. 이 책은 도전을 강조하지 않는다. 아이들에게 부끄러움에서 벗어나라고, 용기를 내라고 격려하지 않는다. 오히려 부끄러움도 하나의 개성이라며 그런 자신을 사랑하자고 이야기한다. 부끄러움은 나쁜 것만은 아니다. 부끄러움 덕분에 섬세할 수 있고 부끄러움 덕분에 조심성이 많다. 중요한 것은 있는 그대로 자신을 사랑하는 것이다. 그렇게 자신을 사랑해야 우리는 부끄러움에서 놓여날 수 있다.

다음은 두려움을 다루는 책들. 두려움은 많은 경우 내 마음속에 있다. 실제적인 위험성은 중요하지 않다. 스스로 만들어낸 걱정이 우리를 불안에 떨게 만든다. 물론 아이들은 알지 못한다. 두려움이란 것이 대개는 실체가 없다는 사실을. 아직 경험이 부족하기 때문이다. 그래서 개를 두려워하고, 하루살이를 무서워하고, 혼자 화장실에 가지 못한다. 그렇게 두려움이 많은 아이라면 「어둠을 무서워하는 꼬마 박쥐」(게르다 바게너 글, 에밀리오 우르베루아가 그림)와 「못된 개가 쫓아와요」(마이런 얼버그 글, 리디아 몽크스 그림)를 권하고 싶다. 귀여운 그림과 재미난 반전을 지닌 두 책은 분명 아이들이 두려움에 맞서게 용기를 전해줄 것이다.

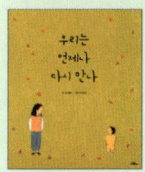

마지막으로 분리 불안. 엄마나 아빠와 떨어지는 것이 너무나 힘든 아이들이 있다. 분리 불안은 쉽게 해결되지 않는다. 오래가는 경우가 많아 부모의 속이 다 타들어간다. 이 아이들과 윤여림의 「우리는 언제나 다시 만나」를 읽으면 어떨까? 분명 위로가 된다. 물론 한두 번 읽는다고 달라질 수는 없겠지만 꾸준히 읽어주자. 아이는 조금씩 또 조금씩 스스로를 믿어갈 것이다.

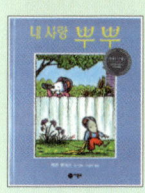

케빈 헹크스의 「내 사랑 뿌뿌」 역시 아이들의 분리 불안 문제를 다룬 그림책이다. 오래된 작은 담요를 버리지 못하고 늘 갖고 다니려는 생쥐 뿌뿌. 이 녀석을 어떻게 해야 할까? 책이 전해주는 메시지는 따뜻하다. 부모는 아이의 보기 싫은 행동을 없애는 사람이 아니다. 아이가 힘든 이유를 찾는 사람이고, 아이의 어려움을 돕는 사람이다. 너무나 당연하지만 잊기 쉬운 메시지다.

03

일	월	화
3	4	5
10	11	12
17	18	19
24 31	25	26

2

					1	2
3	4	5	6	7	8	9
10	11	12	13	14	15	16
17	18	19	20	21	22	23
24	25	26	27	28		

4

	1	2	3	4	5	6
7	8	9	10	11	12	13
14	15	16	17	18	19	20
21	22	23	24	25	26	27
28	29	30				

1일 2일 3일 4일 5일
6일 7일 8일 9일 10일
11일 12일 13일 14일 15일

아이와 함께 그림책을 본 날

수	목	금	토
		1 삼일절	2
6	7 음 2.1	8	9
13	14	15	16
20	21 음 2.15	22	23
27	28	29	30

(16일)　(17일)　(18일)　(19일)　(20일)

(21일)　(22일)　(23일)　(24일)　(25일)

(26일)　(27일)　(28일)　(29일)　(30일)　(31일)

이 달에 내가 읽고 싶은 책

제목	지은이	체크

이 달에 아이와 읽고 싶은 책

제목	지은이	체크

이 달의 행사

날짜	행사명	장소	메모	체크
/				
/				
/				
/				
/				
/				

이 달에 나를 위해 하고 싶은 일

하고 싶은 일	메모	체크

이 달에 가족과 함께 하고 싶은 일

하고 싶은 일	메모	체크

사고 싶은 것

품명	가격	물품 정보	메모	체크
	₩			
	₩			
	₩			
	₩			
	₩			
	₩			

03

3
일	월	화	수	목	금	토
				1	2	
3	4	5	6	7	8	9
10	11	12	13	14	15	16
17	18	19	20	21	22	23
24/31	25	26	27	28	29	30

4
일	월	화	수	목	금	토
	1	2	3	4	5	6
7	8	9	10	11	12	13
14	15	16	17	18	19	20
21	22	23	24	25	26	27
28	29	30				

3
일요일

4
월요일

5
화요일

6
수요일

7
목요일

8
금요일

9
토요일

이번 주에
아이와 함께 읽은 그림책

책 제목 :

별점 : (엄마, 아빠) ☆☆☆☆☆　(아이) ☆☆☆☆☆

아이와 함께 나눈 이야기 :

책 제목 :

별점 : (엄마, 아빠) ☆☆☆☆☆　(아이) ☆☆☆☆☆

아이와 함께 나눈 이야기 :

책 제목 :

별점 : (엄마, 아빠) ☆☆☆☆☆　(아이) ☆☆☆☆☆

아이와 함께 나눈 이야기 :

3월 첫째 주

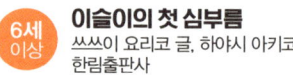

이슬이의 첫 심부름
쓰쓰이 요리코 글, 하야시 아키코 그림
한림출판사

요즘은 유치원생에게 심부름을 시키는 경우는 거의 없다. 집안일이라면 모를까 가게에서 물건을 사 오라는 심부름은 무리다. 세상은 험해지고 아이들은 귀해졌기 때문이다. 덕분에 사실적인 그림과 생생한 감정 묘사가 실감 나는 『이슬이의 첫 심부름』은 일종의 판타지 그림책이 되고 말았다. 아이들은 실제 심부름을 할 기회를 갖지는 못한다. 그렇기에 혼자 가게로 물건을 사러 가는 이슬이에게 벌어질 일이 더 궁금하다.

이슬이가 잘 할 수 있을까? 어려운 일은 없을까? 나라면 기분이 어떨까? 아이들은 주인공 이슬이에게 감정을 이입한다. 함께 긴장하며 모험을 시작하고, 어려운 상황에 마음 졸이고, 마침내 이룬 성공에 함께 기뻐한다. 적잖은 아이들이 이 책을 읽고 읽고 또 읽는다. 어른들이 보기엔 별 이야기도 아니지만 아이들에겐 한 편의 멋진 드라마다. 자신이 직접 하지는 못하지만 이슬이의 성공을 보는 것만으로도 기분이 좋아진다. 언젠가는 나도 도전할 수 있을 것만 같다.

3월은 아이들에게 크든 작든 새로운 도전이 시작되는 시간이다. 아이들은 좀 더 스스로를 믿어야 한다. 처음 하는 일이지만 자기 내부에 그 일을 해낼 능력이 있음을 믿어야 한다. 도전은 겁나지만 한편으로는 신나는 일이다. 성공하면 자신이 그만큼 더 커지는 일이다. 아이들은 더 크고 싶다. 어서 자라고 싶고 더 많은 능력을 갖고 싶다. 다만 두려울 뿐이다. 성장이 어려운 이유는 두려움을 넘어서야 하기 때문이다.

실패가 두려운 아이에겐 실패는 성공의 과정임을 말해줘야 한다. 한두 번 실패해도 나쁜 일이 생기지 않는다. 이슬이가 달려가다 넘어졌어도, 동전을 놓쳤어도, 가게에서 큰 소리로 주인아주머니를 부르지 못했어도 괜찮다. 다시 일어나 갈 수 있고, 동전을 주울 수 있고, 몇 번 하다 보면 목소리도 커진다. 제대로 해내지 못했다 해도 괜찮다. 어떤 경우에도 환한 웃음을 지으며 기다리고 있을 부모가 있다. 게다가 우리에겐 늘 다음 기회가 있다.

이 책을 함께 읽고 작은 도전을 아이와 해보자. 혼자 가게에 다녀오도록 시킬 수는 없더라도 가게 근처까지 함께 가서 도전해볼 수도 있다. 넓은 슈퍼에서 물건을 골라오는 것도 쉽지만은 않다. 어디에 물건이 있는지 물어서 찾아오도록 시켜봐도 좋다. 아이들은 겁을 내면서도 신나 할 것이다. 너무 힘든 것이 아니라면 대부분의 아이는 도전을 좋아한다. 부모부터 그 사실을 믿어야 한다. 무엇보다 아이를 믿어야 한다. 자, 3월은 도전의 시간이다.

#새 학기 #도전 #나의 첫 심부름 #거스름돈 잘 받는 게 관건

함께 읽어보면 좋은 책

초등학교에 다니는 아이라면 『린드버그-하늘을 나는 생쥐』(토르벤 쿨만 지음)를 권한다. 90쪽이 넘는 두꺼운 책이지만 아름다운 수채화 그림과 흥미진진한 스토리에 감탄하며 보게 된다. 대서양을 횡단한 비행사 린드버그를 모티브로 삼았지만 주인공은 생쥐다. 작은 생쥐도 이렇게 도전을 하는데 나도 한번 해봐야지! 아이들에게 도전의 의욕을 불러일으키는 멋진 책이다. 저학년이라면 부모가 꼭 읽어주자.

03

3
					1	2
3	4	5	6	7	8	9
10	11	12	13	14	15	16
17	18	19	20	21	22	23
24 31	25	26	27	28	29	30

4
	1	2	3	4	5	6
7	8	9	10	11	12	13
14	15	16	17	18	19	20
21	22	23	24	25	26	27
28	29	30				

10
일요일

11
월요일

12
화요일

13
수요일

14
목요일

15
금요일

16
토요일

이번 주에
아이와 함께 읽은 그림책

책 제목 :

별점 : 엄마, 아빠 ☆☆☆☆☆   아이 ☆☆☆☆☆

아이와 함께 나눈 이야기 :

책 제목 :

별점 : 엄마, 아빠 ☆☆☆☆☆   아이 ☆☆☆☆☆

아이와 함께 나눈 이야기 :

책 제목 :

별점 : 엄마, 아빠 ☆☆☆☆☆   아이 ☆☆☆☆☆

아이와 함께 나눈 이야기 :

3월 둘째 주

선생님은 몬스터!
피터 브라운 지음 | 사계절

3월 초 아이들의 큰 관심사는 새로 만나게 된 선생님이다. 요즘은 아이들이 예전처럼 선생님을 두려워하지 않는다. 아이가 자라면서 만나온 주변의 어른들이 대체로 친절하기 때문이다. 예전에는 '호랑이 선생님'이란 말을 꽤나 흔하게 들을 수 있었다. 그에 비하면 요즘의 선생님들은 한결 부드럽다. 예전의 선생님들은 많은 아이들을 관리해야 하기에 지시가 앞섰지만 요즘은 아이들 말을 잘 들어준다. 통제보다는 돌보는 역할이 더 커졌다.

그렇다고 아이들이 선생님을 마냥 편하게 생각하는 것은 아니다. 아이들은 '착하다'는 표현을 사용하는데, 올해 만난 선생님이 '착하'길 기대한다. 다만 장난꾸러기들에게 '착하다'는 자기가 뭘 해도 야단치지 않거나, 적어도 무섭지 않게 야단치는 것을 의미한다. 당연하겠지만 아이들이 말하는 착한 선생님이 꼭 좋은 것은 아니다. 아이들에게 안 되는 것은 안 된다고, 해야 할 일은 해야 한다고 가르쳐야 한다. 아이들도 만만치 않아서 선생님이 만만하다고 생각하면 더 함부로 행동하기도 한다.

피터 브라운의 『선생님은 몬스터!』는 3월에 아이들과 읽기에 그만이다.

새로 바뀐 선생님에 대한 이야기를 함께 나눠볼 수 있기 때문이다. 주인공 바비의 담임인 커비 선생님은 아주 무서운 분이다. 오죽하면 몬스터, 즉 괴물 선생님이겠는가? 조금만 장난쳐도 쩌렁쩌렁한 목소리로 혼을 내며 벌을 주신다. 외모도 꼭 초록색 덩치의 괴물인 슈렉을 떠올리게 한다.

교실에선 늘 무섭기만 한 커비 선생님을 주말에 우연히 공원에서 만난 바비는 기분이 좋을 리 없다. 그렇다고 도망칠 수도 없다. 도망치는 것조차 무섭기 때문이다. 하지만 공원에서 만난 커비 선생님은 무서운 분이 아니었다. 어색해서 마음을 표현하지 못했을 뿐 알고 보니 부드럽고 재미난 분이었다. 바비가 교실에서 종이비행기를 날리면 야단을 치곤 했지만 공원에선 멋지게 종이비행기를 날릴 수 있도록 도와주었다. 이제 바비는 선생님이 무섭지 않다. 아니 함께 있어 행복하다.

그림책에서 바비가 선생님을 무서워할 때 커비 선생님의 모습은 괴물과 같았다. 가까워지니 선생님은 더 이상 괴물의 모습이 아니다. 부드럽고 다정한 얼굴이었다. 괴물로 보인 이유는 선생님을 무서워하는 바비의 마음 때문이었다. 아직은 학년 초. 선생님과 가까워지기엔 시간이 부족하다. 하지만 걱정할 것 없다. 시간은 앞으로 충분히 있다. 아이에게 말해주자. "지금은 선생님이 무섭고 겁이 나니? 좀 더 기다려봐. 서로를 더 알게 되면, 그래서 더 친해지면 그땐 무섭지 않을 거야. 엄청 좋아할 수도 있을걸."

#새 학기 #새 선생님 #새 친구 #부디 '착한' 선생님 만나길

03

3
					1	2
3	4	5	6	7	8	9
10	11	12	13	14	15	16
17	18	19	20	21	22	23
24/31	25	26	27	28	29	30

4
	1	2	3	4	5	6
7	8	9	10	11	12	13
14	15	16	17	18	19	20
21	22	23	24	25	26	27
28	29	30				

17
일요일

18
월요일

19
화요일

20
수요일

21
목요일

22
금요일

23
토요일

이번 주에
아이와 함께 읽은 그림책

책 제목 :

별점 : 엄마, 아빠 ☆☆☆☆☆　아이 ☆☆☆☆☆

아이와 함께 나눈 이야기 :

책 제목 :

별점 : 엄마, 아빠 ☆☆☆☆☆　아이 ☆☆☆☆☆

아이와 함께 나눈 이야기 :

책 제목 :

별점 : 엄마, 아빠 ☆☆☆☆☆　아이 ☆☆☆☆☆

아이와 함께 나눈 이야기 :

3월 셋째 주

4세 이상 **아빠, 꽃밭 만들러 가요**
송언 글, 한지희 그림 | 사계절

꽃샘추위가 살짝 왔지만 그뿐, 이제 봄이다. 겨울을 버텨낸 나무는 아직 새 옷을 입지 못하고 있다. 멀리 남쪽에는 매화가 피었다지만 도시의 길가에서 봄을 알리는 벚꽃과 개나리는 소식이 없다. 이러다 한 번에 와장창 피어나는 것이 봄이다.

요즘은 유치원이나 어린이집에서도 생태 교육을 열심히 한다. 자연에 나가 관찰하거나 직접 식물을 키우기도 한다. 뭐든 가까이 해야 사랑이 생기는 법이기에 꼭 필요한 교육이다. 하지만 꽃과 나무를 심고 가꾸는 교육은 아이들에겐 생태 교육 그 이상의 효과가 있다. 아이들은 작은 씨가 싹을 틔우고 이내 자라나 자기만큼이나 키가 자라는 모습에 놀라고 신기해한다. 아이들에게 변화란 직관적으로 이해하기 어려운 개념이다. 아이는 자기는 영원히 아이고, 어른은 원래부터 어른이었을 것이라고 생각한다. 지금의 자신이 성장해 어른이 되고, 예전에는 작은 아가였다는 것은 믿기 어렵다. 변화를 믿기 어렵기에 고통은 더욱 견디기 어렵다. 시간이 지나면 달라질 수 있고, 미래는 지금보다 나아질 수 있으리란 기대가 없기 때문이다.

꽃밭의 식물들은 금세 자란다. 변화를 눈으로 확인하기에 더없이 좋다. 아이는 성장하고 변화하는 식물을 보며 자기 자신도 성장할 것이란 기대를 가진다. '나도 이렇게 예쁜 꽃을 피울 수 있을까? 그러고 싶어. 탐스런 열매도 맺어야지. 그럴 수 있을 거야.' 식물은 아이에게 미래를 향하는 문을 열어주고 꿈을 갖게 한다.

송언 선생님이 글을 쓰고 한지희 작가가 그림을 그린 『아빠, 꽃밭 만들러 가요』는 이제 제법 나이를 먹은 그림책이다. 사실적인 묘사를 주로 사용하다 보니 풍경이나 아이들의 모습이 옛 시절의 이야기처럼 느껴져 손길이 가지 않는다. 그래도 봄을 맞는 책 중에 이만한 책이 없다. 이야기도 탄탄하고 그림에는 유머가 가득하다. 아이들의 표정 하나하나를 보는 재미가 있다.

아빠와 함께 두 아이가 동네의 버려진 공터를 꽃밭으로 만든다. 쓰레기 더미를 치우고, 꽃씨를 심고, 물을 주며 지켜본다. 며칠이 지나자 귀여운 새싹이 올라왔다. 이제 시작이지만 아이들의 마음은 급하다. 어서 예쁜 꽃밭 속에서 놀고 싶다. 꿈에서지만 해바라기, 봉선화, 나팔꽃이 가득한 꽃밭에서 뛰어노는 아이들. 그렇게 자고 있는 아이를 보며 아빠는 행복하다. 세상 그 어느 꽃보다 예쁜 꽃, 그것은 새근새근 미소 지으며 자고 있는 아이들이다.

자, 봄이다. 아이들은 올해도 자랄 것이고 멋진 꽃으로 피어나리라. 이제 책을 덮고 아이와 함께 작은 화분에라도 꽃씨를 심어보자. 함께 가꾸며 아름다운 꿈을 꾸어보자.

#봄 #씨앗 #새싹 #생태 교육 #쑥쑥 자라자 #나의 꽃은 바로 너

함께 읽어보면 좋은 책

『작은 씨앗』(문종훈 지음) 역시 추천할 만하다. 자두 씨앗을 심고 거기서 큰 나무가 자라 모두가 나눠 먹을 정도로 많은 열매가 맺히길 기대하는 아이들의 마음이 잘 묘사되어 있다. 상상의 세계를 그렸다는 점에서 『아빠, 꽃밭 만들러 가요』와는 대비된다. 다른 책으로는 『씨앗은 어디로 갔을까?』(루스 브라운 지음)가 있다. 유아용 그림책인데 단순한 구성 속에 식물의 생애를 정확하게 묘사하고 있다. 게다가 덤으로 숫자 공부도 할 수 있다. 수 놀이에 관심이 많은 아이라면 좋아할 책이다. 식물을 사랑하는 조금 큰 아이들이라면 『화분을 키워 주세요』(유진 자이언 글, 마거릿 블로이 그레이엄 그림)나 『리디아의 정원』(사라 스튜어트 글, 데이비드 스몰 그림)도 추천해볼 만하다. 꽃과 나무가 우리에게 주는 행복과 위안을 느낄 수 있다.

03

3
					1	2
3	4	5	6	7	8	9
10	11	12	13	14	15	16
17	18	19	20	21	22	23
24/31	25	26	27	28	29	30

4
	1	2	3	4	5	6
7	8	9	10	11	12	13
14	15	16	17	18	19	20
21	22	23	24	25	26	27
28	29	30				

24
일요일

25
월요일

26
화요일

27
수요일

28
목요일

29
금요일

30
토요일

이번 주에
아이와 함께 읽은 그림책

책 제목 :

별점 : 엄마, 아빠 ☆☆☆☆☆ 아이 ☆☆☆☆☆

아이와 함께 나눈 이야기 :

책 제목 :

별점 : 엄마, 아빠 ☆☆☆☆☆ 아이 ☆☆☆☆☆

아이와 함께 나눈 이야기 :

책 제목 :

별점 : 엄마, 아빠 ☆☆☆☆☆ 아이 ☆☆☆☆☆

아이와 함께 나눈 이야기 :

3월 넷째 주

슈퍼 거북
유설화 지음 | 책읽는곰

토끼와 거북이, 개미와 베짱이 정말 유명한 동물 콤비다. 초등학교에 들어갈 무렵의 아이들도 이미 알고 있다. 느리더라도 꾸준히 하는 사람이 결국 경주에 이기는 거야. 눈앞의 즐거움만 쫓다가 미래를 대비하지 않으면 위험해. 동물 콤비들은 아이들에게 세상살이의 속살을 슬쩍 비춰 준다. 산다는 것이 만만치 않아. 대충 살아선 곤란해!

하지만 토끼와 거북이 이야기를 들을 때마다 의문이 든다. 왜 물에서 사는 거북이가 토끼와 시합을 하는 거지? 물속에선 거북이가 토끼보다 훨씬 빠를 텐데. 그리고 토끼도 그렇지. 왜 자기 친구들과 놀아야지 엉뚱하게 거북이와 달리기 시합을 하는 거야? 뻔한 경주를 하고 거기서 이긴다고 그게 좋을 일인가? 자존감도 약하고, 친구도 없는 녀석 아냐?

시합이 아닌데 시합이라 이름 붙이면 괜한 부담이 든다. 인생도 마찬가지다. 인생이 시합이라면 누군가를 제쳐야 한다. 옆 사람은 경쟁 상대다. 잠시도 방심하지 말고 마음 단단히 먹고 달려야 한다. 그런데 정말 그런 건가? 옆 사람을 제치고 열심히 뛰어서 결승점에 들어오면 무엇이 있는 건가? 눈 덮인 킬리만자로 정상엔 아무 것도 없다던데 결승점에는 무엇이 있으려나? 그나마 경주에서 이긴다면 다행이다. 혹시 이기지 못하면 우리의 삶은 무의미한 건가? 이기지 못한 우리는 루저인 건가?

유설화 작가의 『슈퍼 거북』은 '토끼와 거북이' 이야기를 뒤집는 이야기다. 토끼가 잠든 덕에 경주에서 승리한 거북이는 마음이 편치 않다. 토끼를 이긴 영웅이라고 처음엔 우러러보던 이웃들은 거북이의 꾸물거리는 모습에 실망한다. 거북이는 사람들을 실망시키고 싶지 않다. 맹훈련에 돌입한다. '빠르게 살자'라는 글귀를 쓴 머리띠를 질끈 동여매고 쉬지 않고 훈련을 거듭한다. 한없이 피곤하지만 쉴 수 없다. 슈퍼 거북이 되어야 하니까.

거북이는 슈퍼 거북이 되기 위해 스스로를 버린다. 자기다움을 포기하고 다른 존재가 되려 한다. 그에게 중요한 것은 타인의 시선이다. 시선을 만족시키기 위해 피로를 무릅쓰고, 시선을 만족시키지 못할까 봐 불안해한다. 그림은 경쾌하고 귀엽지만 다루는 내용은 만만치 않다. 아이가 내용을 이해하기가 쉽지 않다. 어쩌면 우리는 아이가 내용을 이해하지 못하길 바랄지도 모르겠다. 아이도 이제 열심히 달려야 하니까. 개미가 되어, 쉬지 않는 거북이가 되어.

균형이란 쉽지 않다. 영원한 삶의 숙제다. 인생에 정답은 없지만 확실한 것은 하나 있다. 부모가 균형을 잡지 못하고 뒤뚱대며 아이에게 균형 잡기를 기대해선 곤란하다. 언제나 그렇듯 먼저 균형을 잡아야 할 사람은 부모다. 이제 새 학년이 한 달 지났다. 다시 중심을 잡아볼 때가 왔다.

#토끼에게 이긴 거북 #경주에서 이긴 후의 삶
#타인의 시선보다 중요한 #내 삶의 균형

함께 읽어보면 좋은 책

『프레드릭』(레오 리오니 지음)은 생쥐가 주인공이지만 '개미와 베짱이' 이야기를 뒤집은 멋진 책이다. 그렇다고 이솝 우화의 이야기가 무의미한 것은 아니다. 필요하고 가치도 있다. 하지만 다른 이야기도 필요하다. 삶을 진정 사랑하려면, 자신의 삶으로 살아내려면 두 가지 이야기가 다 필요하다. 균형이 필요하다.

04

일	월	화
	1	2
7	8	9
14	15	16
21	22	23
28	29	30

3
					1	2
3	4	5	6	7	8	9
10	11	12	13	14	15	16
17	18	19	20	21	22	23
24 31	25	26	27	28	29	30

5
		1	2	3	4
5	6	7	8	9	10	11
12	13	14	15	16	17	18
19	20	21	22	23	24	25
26	27	28	29	30	31

1일 2일 3일 4일 5일
6일 7일 8일 9일 10일
11일 12일 13일 14일 15일

아이와 함께 그림책을 본 날

수	목	금	토
3 제주 4.3항쟁 기념일	4	5 식목일　　음 3.1	6
10	11	12	13
17	18	19 4.19 혁명　　음 3.15	20
24	25	26	27

- 16일
- 17일
- 18일
- 19일
- 20일
- 21일
- 22일
- 23일
- 24일
- 25일
- 26일
- 27일
- 28일
- 29일
- 30일

이 달에 내가 읽고 싶은 책

제목	지은이	체크

이 달에 아이와 읽고 싶은 책

제목	지은이	체크

이 달의 행사

날짜	행사명	장소	메모	체크
/				
/				
/				
/				
/				
/				

이 달에 나를 위해 하고 싶은 일

하고 싶은 일	메모	체크

이 달에 가족과 함께 하고 싶은 일

하고 싶은 일	메모	체크

사고 싶은 것

품명	가격	물품 정보	메모	체크
	₩			
	₩			
	₩			
	₩			
	₩			
	₩			

04

4						
	1	2	3	4	5	6
7	8	9	10	11	12	13
14	15	16	17	18	19	20
21	22	23	24	25	26	27
28	29	30				

5						
			1	2	3	4
5	6	7	8	9	10	11
12	13	14	15	16	17	18
19	20	21	22	23	24	25
26	27	28	29	30	31	

3/31
일요일

1
월요일

2
화요일

3
수요일

4
목요일

5
금요일

6
토요일

이번 주에
아이와 함께 읽은 그림책

책 제목 :

별점 : 엄마, 아빠 ☆☆☆☆☆　아이 ☆☆☆☆☆

아이와 함께 나눈 이야기 :

책 제목 :

별점 : 엄마, 아빠 ☆☆☆☆☆　아이 ☆☆☆☆☆

아이와 함께 나눈 이야기 :

책 제목 :

별점 : 엄마, 아빠 ☆☆☆☆☆　아이 ☆☆☆☆☆

아이와 함께 나눈 이야기 :

4월 첫째 주

6세 이상 **이유가 있어요**
요시타케 신스케 지음 | 봄나무

아이들은 불리하다. 하고 싶은 말이 있어도 다 하지 못하기 때문이다. 가슴에 가득 찬 감정과 욕구도 표현할 말이 딱히 떠오르지 않는다. 빠르게 말하는 어른들에게 대응하기도 어렵다. 이제 막 배운 단어들은 얼른 떠오르지 않고 그럴듯한 문장을 만드는 일은 늘 만만찮다. 차라리 고개를 숙이고 말을 하지 않거나 울음으로 표현하는 편이 낫다. 그럴 때면 늘 한마디 듣곤 한다. 답답하니까 네 생각이 뭔지 제대로 말해보라고. 그 말을 들으면 더 목이 멘다. 쉬운 말조차 생각이 안 난다.

자기 목소리를 내기가 어려운 아이들은 자기를 대신해 할 말을 해주는 그림책에 열광한다. 그도 그럴 것이 입 없는 사람에게 입 역할을 해주면 얼마나 고맙겠는가? 하고 싶었던 말을 멋지게 해주는 책을 만나면 아이는 신이 난다. 그래, 내가 이렇게 말하고 싶었단 말이야. 아이는 그림책이 자신의 분신이라도 된 듯 아낀다. 이제 이 책만 있으면 얼마든지 말할 수 있을 거야. 더 이상은 할 말을 못 찾아 답답하지 않을 거야. 내 마음을 읽어주고 내 목소리를 대신 내주는 그림책, 진짜 내 편인 그림책에 아이는 빠져들지 않을 수 없다.

요시타케 신스케의 『이유가 있어요』는 어른들의 잔소리에 항변하고 싶은 아이들의 마음을 담고 있다. 엄마가 코를 후빈다고 야단치자 주인공 아이는 엉뚱한 이유를 댄다. 코를 후비면 코에 있는 스위치를 누를 수 있고, 스위치를 누르면 신바람 빔이 나와 주위 사람들이 즐거워진다고. 엄마가 다리를 떤다고 지적하자 땅속의 두더지들에게 오늘 있었던 일을 신호로 알려주고 있다며 핑계를 댄다. 엄마의 잔소리마다 아이는 나름의 이유를 대는데 그것이 이 책의 웃음 포인트다. 아이들은 자기 대신 목소리를 내는 주인공을 보며 데굴데굴 구르며 좋아한다.

이 책의 미덕은 아이를 가르치려 들지 않는 태도에 있다. 아이의 모습을 인정하며 체면을 지켜준다. 어처구니없는 이유를 대더라도 웃으며 받아들여준다. 말도 안 되는 소리임을 알면서도 받아들여준다. 사랑하기 때문이다. 그리고 한 걸음 더 나아간다. 엄마에게도 버릇이 있다. 머리카락을 꼰다. 아이는 엄마의 버릇을 지적하고 엄마 역시 엉뚱한 이유를 대며 아이와의 놀이를 이어간다.

어른은 완벽하고 아이는 모자란 것이 아니다. 우리 모두에겐 부족한 점이 있다. 그럼에도 불구하고 우리 모두는 괜찮은 존재다. 물론 잘못은 이야기해야 한다. 하지만 사생결단하듯 다룰 일은 아니다. 즐겁게 웃으면서 조금씩 고쳐나가면 된다. 무엇이 잘못인지 아이가 알게 하는 것이 우선이다. 아이의 체면을 인정해주며 우리는 아이와 함께 성장하면 된다. 귀여움 그 자체인 요시타케 신스케의 책을 보고 있자면 어른들도 기분이 좋아진다. 등장인물의 표정과 몸짓만 봐도 미소가 절로 지어진다. 과장을 버무려 예측불허로 이어지는 이야기 전개엔 웃음이 터진다. 주인공 아이는 엉뚱한 말썽꾸러기지만 조금도 밉지 않다. 아이와 함께 읽고, 함께 웃어보자. 그렇게 사랑을 나눠보자. 당연히 조금 더 행복해질 것이다. 그거면 충분하지 않겠는가?

#잔소리 #말대답 #이유가 있다고 #요시타케 신스케 #코 파는 이유

함께 읽어보면 좋은 책

요시타케 신스케의 책을 몇 권 더 추천한다. 마음껏 웃고 싶다면 『벗지 말걸 그랬어』를 보면 된다. 『불만이 있어요』나 『심심해 심심해』는 『이유가 있어요』와 같은 맥락의 책이다. 아이들의 입장에서 아이들이 하고 싶은 말을 대변해준다. 초등학생이라면 『이게 정말 나일까?』를 추천하고 싶다. 아이가 봐도, 어른이 봐도 생각할 거리가 많다. 물론 유머와 재치는 굳이 말할 필요가 없다. 최고다.

04

4
	1	2	3	4	5	6
7	8	9	10	11	12	13
14	15	16	17	18	19	20
21	22	23	24	25	26	27
28	29	30				

5
			1	2	3	4
5	6	7	8	9	10	11
12	13	14	15	16	17	18
19	20	21	22	23	24	25
26	27	28	29	30	31	

7
일요일

8
월요일

9
화요일

10
수요일

11
목요일

12
금요일

13
토요일

이번 주에
아이와 함께 읽은 그림책

책 제목 :

별점 : 엄마, 아빠 ☆☆☆☆☆ 아이 ☆☆☆☆☆

아이와 함께 나눈 이야기 :

책 제목 :

별점 : 엄마, 아빠 ☆☆☆☆☆ 아이 ☆☆☆☆☆

아이와 함께 나눈 이야기 :

책 제목 :

별점 : 엄마, 아빠 ☆☆☆☆☆ 아이 ☆☆☆☆☆

아이와 함께 나눈 이야기 :

4월 둘째 주

당나귀 실베스터와 요술 조약돌
윌리엄 스타이그 지음 | 비룡소
6세 이상

윌리엄 스타이그는 이야기꾼이다. 아이들은 긴장감을 유지하며 빠르게 전개되는 그의 작품에 쉽게 빠져든다. 그의 이야기엔 흥미진진한 마법과 모험이 있고 재치 있는 주인공이 나온다. 그러면서도 따뜻한 사랑의 분위기가 바닥에 깔린다. 아이들이 정말 좋아하는 이야기 얼개다. 그렇다고 그림이 약한 것도 아니다. 카툰 작가로서 당대에 '카툰의 왕'이라 불리던 그는 예순이 넘어서 갑자기 그림책을 그리기 시작했다. 압축적으로 이야기를 전달하는 컷 구성이나 캐릭터들의 풍부한 표정은 그의 큰 장기다. 다양한 색채를 사용하는데도 늘 정돈된 느낌을 주어 그림이 눈에 쏙 들어온다.

뭐든 소원을 들어주는 마법의 돌. 아이들은 이런 이야기를 좋아한다. 스스로 무력한 것을 알기에 단번에 뛰어넘고 싶기 때문이다. 당나귀 실베스터는 마법의 붉은 돌을 갖게 되었다. 돌을 손에 쥐고 마음으로 바라면 소원이 이뤄진다. 엄청난 힘을 갖게 되었지만 처음 가져본 힘은 제대로 쓰기 어려운 법이다. 집에 가는 길에 무서운 사자를 만난 실베스터는 당황한 나머지 바위가 되었으면 좋겠다고 생각한다. 실베스터는 바위가 되었다. 문제는 바위가 된 실베스터는 더 이상 돌멩이를 손에 쥘 수 없다는 데 있다.

힘이 생겼지만 그로 인해 불행에 빠진 주인공. 아이들은 이 아이러니가 안타깝고 답답하면서도 공감이 된다. 바위가 된 실베스터는 이제 집에 돌아갈 수도 없다. 실베스터의 부모님은 열심히 실베스터를 찾아 나서지만 바위가 되었으니 알아볼 방법이 없다. 아이들은 부모를 만나지 못하는 실베스터의 처지에 함께 속상해하면서도 눈물 바람으로 아들을 찾는 부모의 모습에 안심하기도 한다. 그리고 그림책을 읽어주는 부모의 손을 꼭 잡는다. '나의 엄마도, 나의 아빠도 이렇게 나를 사랑하고 보고 싶어 할 거야.'

자세한 결말을 공개하면 재미가 없으니 여기서 접지만 이야기는 해피엔드다. 그야말로 완벽한 이야기다. 짧은 이야기에 아이가 바라는 모든 것이 들어 있다. 마법의 힘을 얻고, 위기에 빠지고, 모험의 시간을 보내고, 마침내 가족의 사랑을 확인한다. 전통적인 민담이 아닌 스스로의 창작으로 이 정도 이야기를 만들어내는 작가는 토미 웅거러, 레오 리오니, 그리고 윌리엄 스타이그 정도가 아닐까 싶다. 이들의 작품을 반복해 읽다 보면 부모도 이야기꾼 흉내를 낼 수 있다. 어떤 이야기에 아이들이 매혹되는지, 어느 정도의 호흡이면 아이의 집중을 유지할 수 있는지 감을 얻을 수 있다. 이야기는 힘이 있다. 다만 즐거워야 한다. 아이를 이야기에 빠뜨려보자. 호흡이 긴 이야기에 몰입하는 것은 그것 자체로 성장이다. 아이의 두뇌는 그 순간에 자란다. 더 넓게 연결을 시작한다.

#마법의 붉은 돌 #소원을 말해봐 #윌리엄 스타이그

함께 읽어보면 좋은 책

윌리엄 스타이그의 책이라면 뭐든 권할 만하다. 아이가 어리다면 『아빠와 피자놀이』나 『치과의사 드소토 선생님』으로 시작해 조금 자라면 『용감한 아이린』과 『자바자바 정글』 『엉망진창 섬』을 읽어주고 더 크면 『멋진 뼈다귀』와 바로 이 『당나귀 실베스터와 요술 조약돌』을 읽어주면 된다. 유명 애니메이션의 원작이 된 『슈렉!』 역시 그의 작품이다.

04

4						
	1	2	3	4	5	6
7	8	9	10	11	12	13
14	15	16	17	18	19	20
21	22	23	24	25	26	27
28	29	30				

5						
			1	2	3	4
5	6	7	8	9	10	11
12	13	14	15	16	17	18
19	20	21	22	23	24	25
26	27	28	29	30	31	

14
일요일

15
월요일

16
화요일

17
수요일

18
목요일

19
금요일

20
토요일

이번 주에
아이와 함께 읽은 그림책

책 제목 :

별점 : 엄마, 아빠 ☆☆☆☆☆   아이 ☆☆☆☆☆

아이와 함께 나눈 이야기 :

책 제목 :

별점 : 엄마, 아빠 ☆☆☆☆☆   아이 ☆☆☆☆☆

아이와 함께 나눈 이야기 :

책 제목 :

별점 : 엄마, 아빠 ☆☆☆☆☆   아이 ☆☆☆☆☆

아이와 함께 나눈 이야기 :

4월 셋째 주

민들레는 민들레
김장성 글, 오현경 그림 | 이야기꽃

4세 이상

민들레는 보잘것없는 꽃이다. 작은 키에 이파리는 삐쭉빼쭉하다. 땅에 몸을 바짝 붙인 채 꽃대만 하나 쑥 올려 꽃을 피운다. 노란 빛깔이 제법 귀엽지만 그렇다고 꽃병에 꽂을 만큼 탐스럽지는 않다. 게다가 꺾어 보면 금세 꽃이 시든다.

하지만 민들레에겐 묘한 감동이 있다. 누구도 마련해두지 않은 이곳저곳에서, 아무도 기대하지 않는 시간에 꽃을 피운다. 길가에서, 보도블록 틈새에서, 지붕 위에서 그리고 봄이 오는 들판에서 민들레는 이파리를 내밀고, 꽃대를 올리고, 마침내 꽃을 피운다. 혼자서도, 둘이서도, 그리고 무리를 지어서도 꽃을 피운다.

민들레를 보고 있자면 우리 아이들 같다. 작고 귀여운 모습이 그렇고, 하루하루 쑥쑥 자라는 모습이 그렇고, 기대를 넘어서는 생명력이 그렇다. 보고 있자면 눈물이 나기도 한다. 제대로 돌보지 못해도 이렇게 자라는구나. 살아보려고, 꽃을 피우려고 이렇게 애쓰는구나. 연약해 보이지만 질기고, 작고 무력해 밟히곤 해도 또 일어선다. 뿌리내릴 작은 땅만 있다면, 희미한 초봄의 태양만 있다면 기꺼이 성장한다. 민들레는 정말 민들레다.

『민들레는 민들레』는 한 편의 음악 같은 그림책이다. 투명하고 담백하게 그려낸 오현경 작가의 그림은 따뜻하고, 김장성 작가의 글은 간결하지만 울림이 크다. 민들레가 땅 위에 작은 떡잎을 내미는 데서 시작해 홀씨가 되어 날아가는 장면으로 끝이 나지만 그 안에 우리 땅에 봄이 오고 가는 풍경이 다 담겨 있다. 아이들과 함께 봄을 느끼기에 딱 맞는 그림책이다. 한 번 보고 말 그림책이 아니라 봄의 매순간에 다시 열어보며 지금은 봄이 어디까지 왔는지, 민들레는 현재 어떤 모습인지 확인해본다면 더욱 진하게 봄을 경험할 수 있다.

물론 봄이 전부는 아니다. 아이와 함께 어느 곳에 피든 자기의 모습을 다 보여주는 민들레 이야기를 나눠보자. 봄은 생명이고, 생명은 나를 지키려는 힘이다. 힘들어도 우리는 언제나 다시 일어날 수 있다. 초라한 처지라도 내 모습을 당당하게 보여줄 수 있다. 씩씩한 민들레의 모습을 함께 보고 있자면 아이도, 이제 막 어쩌다 부모가 된 우리도 용기를 얻을 수 있다. 노란색은 새로 시작하는 색이다. 아이들의 색이다. 민들레는 아이들이다. 아이와 부모인 우리들이다. 우리는 힘들지만 포기하지 않는다. 웃으며 멀리 날아갈 것이다. 홀씨처럼 멋지게 세상에 뜻을 펼 것이다. 아이의 손을 잡고 봄의 한복판으로 걸어가 보자.

#봄꽃 그림책 #민들레 홀씨 후후 #민들레는 아이들이다

함께 읽어보면 좋은 책

봄꽃이 나오는 다른 그림책도 같이 추천해본다. 이제호 작가의 『겨울눈아 봄꽃들아』는 세밀화로 그려낸 멋진 생태 그림책이다. 『꽃 피는 해적선』(박종진 글, 조용준 그림)은 남자아이들이 좋아하는 해적 이야기와 봄꽃을 연결한 아이디어가 돋보이고, 『꽃 장수』(이태준 글, 이정석 그림)는 흐드러지게 핀 아름다운 봄꽃 그림만으로도 눈이 호강할 수 있다. 화려한 벚꽃도 한창이다. 그럴 때는 천유주 작가의 『팔랑팔랑』을 읽자. 아이와 봄 소풍을 가고 싶은 마음이 간질간질 올라올 것이다.

04

4							5						
	1	2	3	4	5	6			1	2	3	4
7	8	9	10	11	12	13	5	6	7	8	9	10	11
14	15	16	17	18	19	20	12	13	14	15	16	17	18
21	22	23	24	25	26	27	19	20	21	22	23	24	25
28	29	30					26	27	28	29	30	31	

21
일요일

22
월요일

23
화요일

24
수요일

25
목요일

26
금요일

27
토요일

이번 주에
아이와 함께 읽은 그림책

책 제목 :

별점 : 엄마, 아빠 ☆☆☆☆☆   아이 ☆☆☆☆☆

아이와 함께 나눈 이야기 :

책 제목 :

별점 : 엄마, 아빠 ☆☆☆☆☆   아이 ☆☆☆☆☆

아이와 함께 나눈 이야기 :

책 제목 :

별점 : 엄마, 아빠 ☆☆☆☆☆   아이 ☆☆☆☆☆

아이와 함께 나눈 이야기 :

4월 넷째 주

 이젠 안녕
6세 이상
마거릿 와일드 글, 프레야 블랙우드 그림 | 책과콩나무

죽음을 아이와 이야기하기란 쉽지 않다. 부모부터 두렵다. 말이 씨가 된 다는 말이 있기에 혹시나 안 좋은 일이 일어날까 두렵고, 죽음에 대한 이야기에 아이가 상처를 입을까 겁이 난다. 하지만 아이 역시 세상에 태 어난 이상 죽음이란 사건에서 자유로울 수 없다.

마거릿 와일드가 글을 쓰고 프레야 블랙우드가 그림을 그린 『이젠 안녕』 은 반려동물의 죽음을 다룬 책이다. 반려동물을 키우는 집이 늘어나면 서 적잖은 아이들이 반려동물을 통해 죽음에 대한 첫 경험을 갖게 되었 다. 아이마다 다르겠지만 반려동물을 하나의 가족으로 생각하는 아이 도 적잖고 많은 시간을 보내고 마음을 주는 경우도 많다. 그렇게 추억을 쌓고 정이 든 동물과 갑자기 이별한다는 것이 쉬운 일은 아니다.

유아들에게 죽음이란 이해하기 어려운 일이다. 대부분의 아이들은 죽고 나면 어느 곳에서 다시 살고 있다고 생각하며 언제든 돌이킬 수 있다고 믿는다. 죽음을 끝이라고 생각하려면 만 5세는 되어야 한다. 아이가 죽 음을 어떻게 받아들일지 부모도 알기 어렵다. 어떤 아이는 아무렇지도 않게 생활하고, 어떤 아이는 멍해지기도 한다. 우는 아이도 있고 빨리 다시 데려오라며 떼를 쓰는 아이도 있다. 아무렇지도 않게 넘어간 아이가 갑자기 눈물을 뚝뚝 흘리기도 한다. 내 아이가 어떻게 반응할지, 얼마나 슬픔 속에 있을지 그것은 알 수 없다.

부모가 기억할 일은 한 가지다. 슬프면 슬픈 대로 감정을 존중해주면 된다. 얼른 잊으라고 할 것도 없고, 운다고 다시 돌아오지 않는다며 아프게 찌를 필요도 없다. 그저 아이보다 의연하게 견뎌주면 된다. 그림책에서 주인공 해리는 사고로 죽은 호퍼를 꿈에서 계속 만난다. 살아 있을 때처럼 행복하게 뛰어논다. 아직 호퍼의 죽음을 받아들이지 못하고 있다. 아빠는 해리의 이야기를 고개를 끄덕이며 들어준다. 있는 그대로 인정해준다. 해리 스스로 죽음을 받아들이고 호퍼와 이별할 때까지 기다려준다. 죽음을 맞은 동물은 사랑하던 동물이다. 사랑하던 누군가를 마음에서 떠나보내기 위해서는 시간이 필요하다. 사랑은 한순간에 식지 않기에 아이는 아직 사랑의 시간을 더 보내야 한다. 슬픔 역시 사랑의 한 과정이다.

아이가 아직 죽음을 경험하지 못했더라도 이 책은 도움이 된다. 실제 사건으로 경험하기 전에 죽음에 대해 생각할 기회를 갖는 것은 여러모로 도움이 된다. 어떤 아이들은 겁을 집어먹을 수 있다. 이럴 때 부모의 태도가 중요하다. 함께 이야기를 나누는 부모의 표정이, 목소리가 차분하다면 아이는 크게 동요하지 않는다. 죽음이 무엇인지는 모르겠지만 그저 삶의 과정에 존재하는 것이 아닐까 받아들인다. 항상 죽음보다는 삶이 앞선다. 사랑하기에 죽음도 슬픈 것이다. 중요한 것은 지금 사랑하고 있는지다. 아이의 눈을 보며 이야기하자. 지금도, 죽음 전에도, 그리고 죽은 뒤에도 더 많이 사랑하자고.

#반려동물 #죽음 #이별 #슬픔을 다루는 법

함께 읽어보면 좋은 책

『이젠 안녕』이 키우던 강아지를 통해 죽음에 대해 이야기한 책이라면 『우리가 헤어지는 날』(정주희 지음)은 고양이와의 이별에 대한 이야기다. 아이에게 사랑하던 고양이가 있었고, 그 죽음을 받아들이기 어려워한다면 이 책을 권하곤 한다. 만약 죽음에 대해 다루는 더 많은 책, 특히 가족의 죽음을 다루는 책이 알고 싶다면 졸저 『그림책으로 읽는 아이들 마음』에 여러 권을 소개해두었다. 참고하시기 바란다.

# 05

일	월	화
5 어린이날 음 4.1	6 대체 휴일	7
12	13	14
19 음 4.15	20	21 부부의날
26	27	28

4

	1	2	3	4	5	6
7	8	9	10	11	12	13
14	15	16	17	18	19	20
21	22	23	24	25	26	27
28	29	30				

6

						1
2	3	4	5	6	7	8
9	10	11	12	13	14	15
16	17	18	19	20	21	22
23/30	24	25	26	27	28	29

1일 2일 3일 4일 5일
6일 7일 8일 9일 10일
11일 12일 13일 14일 15일

아이와 함께 그림책을 본 날

수	목	금	토
1 노동절	2	3	4
8 어버이날	9	10	11
15 스승의날	16	17	18 5.18 민주화운동 기념일
22	23	24	25
29	30	31	

(16일) (17일) (18일) (19일) (20일)

(21일) (22일) (23일) (24일) (25일)

(26일) (27일) (28일) (29일) (30일) (31일)

이 달에 내가 읽고 싶은 책

제목	지은이	체크

이 달에 아이와 읽고 싶은 책

제목	지은이	체크

이 달의 행사

날짜	행사명	장소	메모	체크
/				
/				
/				
/				
/				
/				

이 달에 나를 위해 하고 싶은 일

하고 싶은 일	메모	체크

이 달에 가족과 함께 하고 싶은 일

하고 싶은 일	메모	체크

사고 싶은 것

품명	가격	물품 정보	메모	체크
	₩			
	₩			
	₩			
	₩			
	₩			
	₩			

05

4
		1	2	3	4	5	6
	7	8	9	10	11	12	13
	14	15	16	17	18	19	20
	21	22	23	24	25	26	27
	28	29	30				

5
				1	2	3	4
	5	6	7	8	9	10	11
	12	13	14	15	16	17	18
	19	20	21	22	23	24	25
	26	27	28	29	30	31	

4/28
일요일

4/29
월요일

4/30
화요일

1
수요일

2
목요일

3
금요일

4
토요일

이번 주에
아이와 함께 읽은 그림책

책 제목 :

별점 : 엄마, 아빠 ☆☆☆☆☆ 아이 ☆☆☆☆☆

아이와 함께 나눈 이야기 :

책 제목 :

별점 : 엄마, 아빠 ☆☆☆☆☆ 아이 ☆☆☆☆☆

아이와 함께 나눈 이야기 :

책 제목 :

별점 : 엄마, 아빠 ☆☆☆☆☆ 아이 ☆☆☆☆☆

아이와 함께 나눈 이야기 :

5월 첫째 주

나는 자라요
김희경 글, 염혜원 그림 | 창비

4세 이상

어릴 적 5월이면 즐겨 부르던 노래가 있다. 뭐가 그렇게 신나는지 그때는 목청 높여 이 노래를 부르곤 했다. '오월은 푸르구나. 우리들은 자란다.' 5월은 신록의 계절이다. 나무에는 새잎이 나고, 땅에는 풀이 자라난다. 모든 살아있는 생물이 성장하는 시간, 바야흐로 만물이 자라나는 계절이다. 가진 것이 없어도 왠지 희망을 갖게 되는 시간이다.

김희경 작가의 아름다운 글이 마음을 흔드는 『나는 자라요』는 이 계절에 꼭 맞는 책이다. 이 책을 처음 보고 나는 살짝 울었다. 아이들은 이렇게 우리 곁에서 자라고 있다. 슬플 때나 기쁠 때나, 즐거울 때나 힘들 때나 아이들은 자라고 있다. 부모가 볼 때는 아이들이 늘 비슷해 보이고, 언제 부모 노릇이 끝나나 한숨짓지만 아이들은 그 한숨 속에서도 자라고 있다. 지친 부모의 표정을 보며 자라고, 함께해서 행복한 마음을 느끼며 자란다. 한순간도 멈추지 않고, 씩씩하게 자라고 있다. 그렇게 아이들은 자란다. 부모를 자기 품에 꼭 안아줄 수 있을 때까지.

지금은 훌쩍 커서 나보다 더 큰 아이들. 이젠 변성기가 지나 어릴 적 목소리는 기억도 나지 않지만 나의 아이들도 그림책의 아이처럼 어린 시절이 있었다. 그 시절은 이제 돌아오지 않는다. 다섯 살의 아이, 열 살의 아이는 더 이상 만날 수 없다. 그 시간이 그렇게 돌이킬 수 없는 것인지, 그때는 나 역시 충분히 알지 못했다. 시간은 지나고 나서야 그 소중함을 느끼게 한다. 삶의 어려움이 여기에 있다.

물론 이 책이 우울한 책은 아니다. 색연필과 수채 물감으로 투명하게 그려낸 염혜원 작가의 그림은 5월의 풋풋한 느낌 그대로다. 미소가 지어진다. 자세히 보면 놀랍도록 정성을 들인 그림들. 그 덕이리라. 아이의 표정과 몸짓, 하는 짓이 한없이 귀엽기만 하다. 분명 따뜻한 책, 사랑의 책이다. 지금 막 아이를 키우는 부모라면 그저 이 사랑만 느끼면 된다. 자라나는 생명의 힘에 머물면 된다.

아이와 책을 함께 읽고, 아이의 오래된 사진을 보아도 좋겠다. "네가 이렇게 자라났단다. 네가 자라는 모습을 보면 참 좋아. 행복해. 나중에 아빠만큼 자라겠지. 아니야. 더 클지도 몰라. 그때도 우리 같이 사랑하자. 그때 아빠를 꼭 안아주렴. 지금 아빠가 널 안듯이." 아이들은 사랑을 원한다. 믿음을 원한다. 사랑과 믿음이 없다면 때로는 성장이 두렵다. 속이 빈 나무처럼 허전할 수 있다. 어쩌면 부모가 나를 두고 사라질지 모르는데 이렇게 내가 커도 되나 싶다. 하지만 사랑이 있다면 성장은 기쁨이다. 봄의 나무가 자라려면 더 많은 빛이 필요하듯 아이들도 성장하려면 사랑이 필요하다. 그래, 그저 사랑하자. 이 아름다운 5월처럼.

#성장 그림책 #내 아이가 아기였을 때 #어린이날
#어린 시절 사진첩 보기 #사랑해

함께 읽어보면 좋은 책

6세 이상의 아이라면 아스트리드 린드그렌의 「난 자전거 탈 수 있어」를 읽어보는 것도 좋겠다. 아이들은 자라고 싶다. 어리다고 무시 받지 않고 뭐든 잘 해내고 싶다. 이 책은 성장하고 싶은 아이들의 마음을 잘 묘사하고 있다. 그림도 딱 이 계절에 어울리는 책이다.

05

5						
		1	2	3	4
5	6	7	8	9	10	11
12	13	14	15	16	17	18
19	20	21	22	23	24	25
26	27	28	29	30	31	

6						
						1
2	3	4	5	6	7	8
9	10	11	12	13	14	15
16	17	18	19	20	21	22
23/30	24	25	26	27	28	29

5
일요일

6
월요일

7
화요일

8
수요일

9
목요일

10
금요일

11
토요일

이번 주에
아이와 함께 읽은 그림책

책 제목 :

별점 : 엄마, 아빠 ☆☆☆☆☆   아이 ☆☆☆☆☆

아이와 함께 나눈 이야기 :

책 제목 :

별점 : 엄마, 아빠 ☆☆☆☆☆   아이 ☆☆☆☆☆

아이와 함께 나눈 이야기 :

책 제목 :

별점 : 엄마, 아빠 ☆☆☆☆☆   아이 ☆☆☆☆☆

아이와 함께 나눈 이야기 :

5월 둘째 주

4세 이상 **엄마가 정말 좋아요**
미야니시 다쓰야 지음 | 길벗어린이

아이가 어리면 어버이날이라고 특별할 것은 없다. 조금 커서 유치원에 가게 되면 무언가 만들어온다. 삐뚤빼뚤 자른 색종이로 만든 카네이션. 다른 집 아이가 만들었다면 볼품없겠지만 내 아이가 만들어온 것이라면 느낌이 다르다. 카네이션을 들고 와 내게 안겨주면 마음이 흔들린다. 그래, 내가 이 녀석의 어버이구나.

부모 역할은 참 어렵다. 요즘은 더 어렵다. 부모는 이래야 한다는 말이 너무나 많다. 나도 내가 마음대로 요구할 수 있는 사람이 한 사람 있었으면 싶다. 하지만 생각해보면 아이는 가엾다. 자기 마음대로 할 수 있는 일이 없다. 듣기 싫어도 잔소리를 들어야 하고 화가 난 부모의 쏟아지는 감정을 받아야 한다. 도망칠 수도 없고, 거부할 수도 없다. 울고 떼쓰고 욕을 먹어도 아이는 이내 다가온다. 그리고 묻는다. "엄마, 나 사랑하지?"

그래서 우리는 아이를 또 안는다. 자고 있는 아이를 안고 나직하게 말한다. "정말 사랑해. 내게 와줘서 고마워." 이렇게 왔다 갔다 하는 자신을 보면서 스스로 혀를 찬다. 일관성이 중요하다는데 나는 왜 이 모양인가 싶다. 하지만 모든 부모가 그렇다. 사랑하지만 버겁고, 버겁지만 사랑한다. 그저 따뜻하기만 하다면 깊은 정은 들지 않을 수 있다.

미야니시 다쓰야는 '고 녀석 맛있겠다' 시리즈로 유명한 인기 작가다. 아이들이 좋아하는 공룡 티라노사우루스를 등장시켜 사랑과 우정, 배려와 희생의 가치를 알려준다. 마르쿠스 피스터의 '무지개 물고기' 시리즈와 더불어 아이들의 사회성 교육에 널리 쓰인다. 굵은 외곽선을 사용하여 단순화한 캐릭터와 직관적인 화면 구성에 아이들은 편안함을 느낀다. 강렬한 대비를 주는 색채는 눈길을 잡아끈다. 무엇보다 그는 감정이 흐르고 꺾이고 요동치는 흐름을 제대로 아는 작가다. 그래서 그의 이야기는 가슴으로 읽게 된다.

공룡이 나오지 않는 그의 그림책 『엄마가 정말 좋아요』도 엄마들의 가슴을 흔드는 힘이 있다. 너무나 사랑하는 아이에게 따뜻하게 말하지 못했던 미안함과 그럼에도 내 품에 안겨 잠드는 아이를 보면 올라오는 사랑. 엄마라면 대부분 느껴본 강렬한 감정이다. 하지만 나는 조금 불편하다. 아이에게 함부로 말한 시간들이 정말 엄마의 잘못일까? 그렇지 않다. 부족한 인간이기에 우리는 얼마든지 그럴 수 있다. 오히려 미안해하는 감정이야말로 사랑의 증거다. 사랑하지 않는다면 우리는 미안할 필요도 없다.

그래도 이 책을 아이와 함께 읽어보자. 엄마가 나쁘게 말할 때도 실은 널 깊게 사랑하고 있었다고 말해주자. 상처를 주어 미안하다고, 네가 있어서 엄마는 참 행복하다고 안아주자. 그 순간 아이는 나의 품에 와서 폭 안길 것이다. 그때의 먹먹하면서도 따뜻한 느낌, 그 느낌이 어쩌면 어버이날에 우리가 받을 수 있는 가장 큰 선물일지 모른다. 나의 아이에 대한, 아이의 나에 대한 순수한 사랑이니까.

#내가 어버이라니 #우리 엄마 아빠 보고 싶다
#엄마도 네가 좋아 #제일 큰 선물은 바로 너

05

5
			1	2	3	4
5	6	7	8	9	10	11
12	13	14	15	16	17	18
19	20	21	22	23	24	25
26	27	28	29	30	31	

6
						1
2	3	4	5	6	7	8
9	10	11	12	13	14	15
16	17	18	19	20	21	22
23 30	24	25	26	27	28	29

12
일요일

13
월요일

14
화요일

15
수요일

16
목요일

17
금요일

18
토요일

이번 주에
아이와 함께 읽은 그림책

책 제목 :

별점 : (엄마, 아빠) ☆☆☆☆☆ (아이) ☆☆☆☆☆

아이와 함께 나눈 이야기 :

책 제목 :

별점 : (엄마, 아빠) ☆☆☆☆☆ (아이) ☆☆☆☆☆

아이와 함께 나눈 이야기 :

책 제목 :

별점 : (엄마, 아빠) ☆☆☆☆☆ (아이) ☆☆☆☆☆

아이와 함께 나눈 이야기 :

5월 셋째 주

4세 이상

안돼!
마르타 알테스 지음 | 북극곰

아이가 하루 동안 가장 많이 들을 말이 무엇일까? "안 돼." 또는 "이제 그만."이 아닐까? 부모도 늘 갈등한다. 이렇게 자꾸 안 된다고만 하면 아이가 상처 입지 않을까? 이러다 아이가 의욕이 사라지거나 부모를 미워하면 어쩌나 싶다. 아이도 부모의 눈치를 본다. 어떤 때는 나를 사랑하는 것 같은데 어떤 때는 야단친다. 아직 왜 혼을 내는지 잘 모르겠다. 나는 그냥 당장 하고 싶은 일을 하는 건데 이래선 안 되나 싶다. 조금 자라면 혼을 내는 이유를 알게 된다. 다만 알더라도 자꾸 잊어버린다. 일단 저지른 뒤에야 아차 싶다.

육아는 결국 아이를 돌보고 키우는 일이다. 그 과정에서 사랑도 주지만 무엇이 좋고 무엇이 나쁜지, 함께 살아가려면 어떻게 해야 하는지도 알려줘야 한다. 훈육도 사랑의 일부다. 다만 한두 번 이야기해서 아이가 기억할 수 없다. 알았다고 해서 몸이 바로 따르지도 않는다. 그러니 꾸준히 방향을 잡아줄 수밖에 없다. 말하고, 말하고, 또 말해줘야 한다. 같은 말이니 반복하면 지루하고 짜증날 수 있기에 이렇게도 말하고, 저렇게도 말하면서 이끌어야 한다. 때로는 말로, 때로는 눈빛과 몸짓으로, 때로는 아이가 직접 부정적인 결과를 느끼게 하며 깨닫게 한다. 그 과정을 통해 아이는 사회 속에 살아갈 수 있는 한 사람이 된다.

마르타 알테스의 『안돼!』는 귀여운 강아지가 등장하는 유쾌한 이야기다. 강아지는 자신의 이름을 '안돼'라고 생각한다. 모두가 그렇게 부르기 때문이다. 자신이 뭐만 하면 가족들은 "안 돼!"를 외친다. 모두 좋은 뜻에서 하는 행동이니 아마 자신을 사랑해서 부르는 것이라 생각한다. 아이들은 이 장면에서 키득키득 웃는다. '얘는 자기가 혼나고 있는지도 몰라. 바보 같아. 하지 말라고 소리를 지르는데 자기를 사랑한다고 생각하잖아. 에이, 바보 녀석.' 어리석은 강아지의 모습을 보며 아이들은 재밌어한다.

의인화한 동물이 어리석은 행동을 하는 것은 아이들에게 잘 통하는 유머 코드다. 아이들은 묘한 우월감을 느끼며 신나 한다. 나는 얘보다 잘한단 말이야. 신나는 표정으로 엄마를 보며 묻는다. "나는 엄마 하는 말 잘 알아듣는데. 그렇지?" 부모 입장에선 죄 없는 동물이 괜히 욕을 먹는구나, 너만 잘하면 된다 싶다. 하지만 그 말을 굳이 할 필요는 없다. 훈육은 아이에게도 힘든 일이다. 지금은 재미난 이야기를 읽고 한바탕 웃을 때다. 아이도 시간이 지나면 다 알게 된다. 훈육은 아무래도 메마른 순간이 많다. 훈육의 과정에서 올라오는 긴장감을 이렇게라도 풀어내 보자. 강약중강약. 괴로움만 느끼면 아이는 도망친다. 재미난 순간이 있을 때, 사랑을 느낄 때 아이는 더 잘 배울 수 있다. 훈육의 성공은 실은 여기에 비결이 있다.

#내 이름은 안돼 #훈육의 비결 #웃음으로 승화하자

05

5
			1	2	3	4
5	6	7	8	9	10	11
12	13	14	15	16	17	18
19	20	21	22	23	24	25
26	27	28	29	30	31	

6
						1
2	3	4	5	6	7	8
9	10	11	12	13	14	15
16	17	18	19	20	21	22
23/30	24	25	26	27	28	29

19
일요일

20
월요일

21
화요일

22
수요일

23
목요일

24
금요일

25
토요일

이번 주에
아이와 함께 읽은 그림책

책 제목 :

별점 : (엄마, 아빠) ☆☆☆☆☆ (아이) ☆☆☆☆☆

아이와 함께 나눈 이야기 :

책 제목 :

별점 : (엄마, 아빠) ☆☆☆☆☆ (아이) ☆☆☆☆☆

아이와 함께 나눈 이야기 :

책 제목 :

별점 : (엄마, 아빠) ☆☆☆☆☆ (아이) ☆☆☆☆☆

아이와 함께 나눈 이야기 :

5월 넷째 주

깜박깜박 도깨비
권문희 지음 | 사계절

4세 이상

권문희의 『깜박깜박 도깨비』는 우리 전통 도깨비의 모습을 유쾌하게 그린 그림책이다. 부모도 없이 남의 집 일을 거들며 사는 소년에게 도깨비가 나타난다. 산길에서 마주친 도깨비는 소년이 하루 일을 해서 번 돈 서 푼을 빌려달라고 한다. 소년은 겁이 나서 할 수 없이 돈을 빌려줬고 이게 운명을 바꾼다.

도깨비는 매일 와서 돈 서 푼을 갚는다. 어제 이미 갚았다고 해도, 어제 빌렸는데 어떻게 어제 갚을 수 있냐고 하며 매일같이 돈을 갖다준다. 돈만 갖다주는 것이 아니다. 소년의 집에 있는 낡은 가재도구를 보더니 냄비도 갖다주고 방망이도 갖다준다. 맛난 음식을 뭐든 지어내는 요술냄비이고, 두드리면 뭐든 나오는 요술방망이다. 가난한 소년은 큰 부자가 된다.

우리 도깨비는 못된 사람은 욕보이지만 딱한 사람은 도와주는 괴물이다. 어리석고 멍청하지만 착하고 순수하다. 아이들이 좋아하지 않을 수 없다. 여백을 충분히 두고 담백하게 그려낸 권문희의 그림은 익살스럽고 귀엽다. 반복 어구가 흥겨운 도깨비의 대사는 내용뿐 아니라 글씨체도 재미나다. 아이들은 이 책을 읽고 즐거워하고, 또 읽으며 즐거워한다. 그러면서 모든 낯선 것이 두려운 것은 아니라는 생각을 갖게 된다. 첫인상이 전부가 아니라는 것도 배우게 되고 안 좋은 상황도 시간이 지나면 얼마든지 달라질 수 있음을 알게 된다.

아이들에겐 아직 변화의 경험이 적다. 생각할 수 있는 시간의 폭은 짧다. 과거에서 현재로 그리고 미래로 이어진다는 생각은 갖기 어렵다. 아이에게 이야기를 들려주는 것은 시간의 흐름에 대해 눈을 뜨게 하는 일이다. '오늘의 나는 어제의 나와 다르고 내일은 또 다른 내가 될 수 있을 거야. 지금은 하지 못해도 나중에는 할 수 있어.' 아이들은 현실에서 종종 무력감을 느낀다. 시간에 대한 이해는 아이가 무력감을 이겨내도록 돕는 요술방망이 중 하나다.

귀신과 도깨비는 둘 다 요괴이지만 다른 존재다. 귀신은 우리에게 두려움을 준다. 반면 도깨비는 우리를 미소 짓게 한다. 귀신은 나의 잘못을 벌하고 가르치는 부모의 상징이다. 도깨비는 우리 내면에 남아 있는 어린아이의 상징이다. 장난꾸러기이고 어리석지만 생명력이 넘치고 순수한 모습이다. 그렇다고 두 가지 중 도깨비만 좋은 것은 아니다. 두 가지 모두 필요하다. 우리 내면에는 부모와 아이, 그리고 현재를 살아가는 내가 함께 있어야 한다.

그래서 역설적으로 아이에게도 도깨비가 필요하다. 부모에 비해 아이는 약하다. 언제나 눌릴 수 있다. 계속 눌리면 스스로 귀신이 된 듯 생명력을 잃고 잔인해진다. 잠시 눌릴 때도 필요하지만 언제든 튀어 오르는 생명력이 아이에게 필요하다. 어리석은 도깨비를 비웃지만 아이도 안다. 자신 역시 아직 어리석은 것을. 그래서 부모는 말해줘야 한다. 어리석지만 그 안에 엄청난 힘이 있음을. 그렇게 자기를 믿어야 아이는 쑥쑥 자라 비로소 진짜 어른이 될 수 있다.

#전래동화 #도깨비 이야기 #금 나와라 뚝딱 #나야말로 깜박깜박

함께 읽어보면 좋은 책

전래동화 추천. 전래동화는 호랑이가 나오는 것을 고르면 일단 성공이다. 호랑이는 영웅이라기보다는 반영웅인데 힘만 믿고 덤비다 당하는 역할을 주로 맡는다. 『줄줄이 꿴 호랑이』(권문희 지음, 사계절) 『뒤집힌 호랑이』(윤옥화 김용철 지음, 보리) 『팥죽 할머니와 호랑이』(조대인 글, 최숙희 그림, 보림) 『호랑이 뱃속 잔치』(신동근 지음, 사계절)를 추천한다. 전래동화는 아니지만 『저승사자에게 잡혀간 호랑이』(김미혜 글, 최미란 그림, 사계절)도 기발하고 재미난 책이다.

전래동화는 같은 이야기가 여러 출판사에서 출간되고 있다. 각각 나름의 장점을 갖고 있으니 뭐가 더 나은지는 말하기 어렵다. 그저 나의 취향을 말한다면 해와 달이 된 오누이 이야기는 『해님달님』(송재찬 글, 이종미 그림, 국민서관)을, 『여우누이』는 허태준, 이미애 작가의 시공주니어 판을 좋아한다. 『반쪽이』는 윤정주 작가가 그린 시공주니어 판을 추천하는데 인기로 치자면 이억배 선생님이 그린 보림 판이 앞선다. 이억배 선생님의 다른 책 『이야기 주머니 이야기』, 『모기와 황소』도 자주 권하는 책이다. 그 외에 김경희 작가의 『신통방통 세 가지 말』 역시 좋아하는 전래동화다.

05

		5				
			1	2	3	4
5	6	7	8	9	10	11
12	13	14	15	16	17	18
19	20	21	22	23	24	25
26	27	28	29	30	31	

		6				
						1
2	3	4	5	6	7	8
9	10	11	12	13	14	15
16	17	18	19	20	21	22
23/30	24	25	26	27	28	29

26
일요일

27
월요일

28
화요일

29
수요일

30
목요일

31
금요일

6/1
토요일

이번 주에
아이와 함께 읽은 그림책

책 제목 :

별점 : 엄마, 아빠 ☆☆☆☆☆   아이 ☆☆☆☆☆

아이와 함께 나눈 이야기 :

책 제목 :

별점 : 엄마, 아빠 ☆☆☆☆☆   아이 ☆☆☆☆☆

아이와 함께 나눈 이야기 :

책 제목 :

별점 : 엄마, 아빠 ☆☆☆☆☆   아이 ☆☆☆☆☆

아이와 함께 나눈 이야기 :

5월 다섯째 주

 아빠, 악어를 조심하세요!
리사 모로니 글, 에바 에릭손 그림 | 시공주니어

캠핑을 즐긴다면 최고의 시즌이 왔다. 날이 참 좋다. 푸름이 짙어지는 숲은 황홀하고 여기저기 핀 야생화는 아름다움을 더한다. 밤에도 춥지 않으니 아이를 데리고 가도 무리가 없다. 캠핑 장비를 갖추지 못해도 어디론가 떠나고 싶은 날이다. 6월 말이면 장마도 시작한다. 지금이 떠날 때다.

에바 에릭손이 자신의 딸과 만들어낸 그림책 『아빠, 악어를 조심하세요!』는 아빠와 딸이 떠나는 캠핑 이야기다. 딸이 생각할 때 아빠는 따분하다. 매일 컴퓨터 앞에 앉아 있고 휴대전화 통화만 한다. 당장 캠핑을 떠나야 하는데 장 보느라 시간을 들인다. 게다가 캠핑을 할 숲은 왜 이렇게 먼 것인지? 둘은 함께 떠나지만 마음의 거리는 멀다. 숲에 도착해서도 마찬가지다. 아빠가 발견한 것을 딸은 보지 못하고, 딸이 보는 것을 아빠는 이해하지 못한다. 딸에게 숲은 모험의 공간이다. 나무뿌리는 큰 뱀이고, 바위들은 엎드려 잠든 하마다. 나무 그루터기는 변장한 트롤들이라 함께 신나게 놀고 싶은데 아빠는 믿지 않는다. 어서 가자고 할 뿐.

그러나 함께하는 시간이 길어지면서 상황은 달라진다. 안개 속에서 길을 잃은 딸을 아빠가 구해주고, 개울에 발을 빠뜨린 아빠를 딸이 돕는다. 아빠는 조금씩 딸의 마음을 이해한다. 자신 역시 그런 어린 시절을 지나왔음을 기억한다. 이젠 아빠에게도 강에 있는 작은 섬이 그저 섬이 아니다. 물에서 잠들어 있는 거대한 용의 등판이다. 둘은 이제 한마음이다. 아빠는 더 이상 딸을 보호하며 놀아주는 사람이 아니다. 함께 노는 사람이고 상상 속 모험의 동반자다.

아이들은 안다. 부모가 자신과 놀아주고 있는지, 아니면 놀고 있는지. 놀아주는 것도 대단한 수고다. 하지만 놀이는 몰입이다. 함께 놀아야, 함께 푹 빠져들어야 진짜 재미를 느낄 수 있다. 깊은 교감을 느낄 수 있고 놀이의 깊이를 더해갈 수 있다. 잊지 못할 순간을 경험할 수 있다. 이걸 다 알지만 세파에 시달린 우리가 금세 아이의 세계로 들어가기란 어렵다. 아이의 눈높이에서, 상상을 즐기기란 어렵다. 시간이 좀 필요하다. 쉼이 필요하고 여유가 필요하다. 그래야 어린 시절의 우리가 살아서 돌아올 수 있다.

봄이 지나간다. 더 더워지기 전에 아이와 함께 떠나보자. 꼭 캠핑이 아니어도 좋다. 아이의 세계로 들어갈 수 있다면. 그림책에서 아빠와 딸이 머무는 곳은 실제로는 평범한 숲일 것이다. 하지만 둘이 함께 즐기는 순간 그곳은 더 이상 평범한 장소가 아니다. 재미가 가득 찬 모험의 공간이다. 그 속에서라면 우리는 더 이상 따분한 부모가 아니다. 딸이 이야기하듯 세상에서 최고로 멋진 부모가 된다. 자, 이제 떠날 때다.

#캠핑하기 좋은 날 #아빠와 캠핑 #숲 #멀고도 가까운 우리 사이

함께 읽어보면 좋은 책

'아이와 단 둘이 캠핑을 가다니! 그것은 너무나 힘든 과업이야.' 그렇다면 최혜진 작가의 『아빠와 토요일』을 읽어보는 것은 어떨까? 엄마 없이 아이와 둘만 남은 아빠. 이 둘은 토요일을 어떻게 보낼까? 어쩌면 이 그림책이 지금 우리의 솔직한 모습이다. 그래 괜찮다. 여기서 시작하면 된다.

06

일	월	화
2	3 음 5.1	4
9	10 6.10 민주화항쟁 기념일	11
16	17 음 5.15	18
23 / 30	24	25 6.25 한국전쟁

5
```
            1   2   3   4
 5   6   7   8   9  10  11
12  13  14  15  16  17  18
19  20  21  22  23  24  25
26  27  28  29  30  31
```

7
```
    1   2   3   4   5   6
 7   8   9  10  11  12  13
14  15  16  17  18  19  20
21  22  23  24  25  26  27
28  29  30  31
```

아이와 함께 그림책을 본 날

1일 2일 3일 4일 5일
6일 7일 8일 9일 10일
11일 12일 13일 14일 15일

수	목	금	토
			1
5	6 현충일	7	8
12	13	14	15
19	20	21	22
26	27	28	29

(16일) (17일) (18일) (19일) (20일)
(21일) (22일) (23일) (24일) (25일)
(26일) (27일) (28일) (29일) (30일)

이 달에 내가 읽고 싶은 책

제목	지은이	체크

이 달에 아이와 읽고 싶은 책

제목	지은이	체크

이 달의 행사

날짜	행사명	장소	메모	체크
/				
/				
/				
/				
/				
/				

이 달에 나를 위해 하고 싶은 일

하고 싶은 일	메모	체크

이 달에 가족과 함께 하고 싶은 일

하고 싶은 일	메모	체크

사고 싶은 것

품명	가격	물품 정보	메모	체크
	₩			
	₩			
	₩			
	₩			
	₩			
	₩			

06

6						
						1
2	3	4	5	6	7	8
9	10	11	12	13	14	15
16	17	18	19	20	21	22
23/30	24	25	26	27	28	29

7						
	1	2	3	4	5	6
7	8	9	10	11	12	13
14	15	16	17	18	19	20
21	22	23	24	25	26	27
28	29	30	31			

2
일요일

3
월요일

4
화요일

5
수요일

6
목요일

7
금요일

8
토요일

이번 주에
아이와 함께 읽은 그림책

책 제목 :

별점 : 엄마, 아빠 ☆☆☆☆☆   아이 ☆☆☆☆☆

아이와 함께 나눈 이야기 :

책 제목 :

별점 : 엄마, 아빠 ☆☆☆☆☆   아이 ☆☆☆☆☆

아이와 함께 나눈 이야기 :

책 제목 :

별점 : 엄마, 아빠 ☆☆☆☆☆   아이 ☆☆☆☆☆

아이와 함께 나눈 이야기 :

6월 첫째 주

 나는 다른 동물이면 좋겠다
베르너 홀츠바르트 글, 슈테파니 예쉬케 그림 | 아름다운사람들

 치킨 마스크
우쓰기 미호 지음 | 책읽는곰

비교는 본능이다. 어른들이 비교를 하기에 아이들이 따라하는 것이 아니다. 아이는 커가면서 자신과 다른 아이를 자연스럽게 비교한다. 다른 아이가 가진 것이 좋아 보이면 샘을 내고 자신이 가진 것이 부족하면 속상해한다. 인정하고 싶어 하지 않고, 심술을 부리기도 하고, 거짓말로 자기의 약점을 감추기도 한다. 이런 마음이 꼭 나쁜 것만은 아니다. 아이는 주변 사람들과의 비교를 통해 자신이 어떤 사람인지 이해해가고 더 나은 모습을 만들기 위해 노력하기도 한다. 물론 아직은 발전을 위해 노력하기 보다는 단번에 멋진 모습을 갖고 싶어 한다. 시간을 두고 변한다는 개념을 이해하기 어렵기 때문이다.

겁이 많은 아이가 있듯이 유난히 자신이 가진 약점에 집착하는 아이도 있다. 상대방이 가진 좋은 것을 부러워하며 자신에겐 왜 그런 능력이 없는지 속상해한다. 부모가 볼 때 아이가 지닌 빛나는 부분이 충분한데 아이는 자신이 갖지 못한 것에 매달린다. 이 아이들 중 일부는 욕심이 많은 아이이고, 다른 일부는 걱정이 많은 아이다. 실은 그 두 경우 모두 나쁘지 않다. 아무래도 욕심이 많거나 걱정이 많은 아이가 발전을 위한 노력을 좀 더 빨리 시작한다. 다만 그 과정에서 자신을 괴롭히는 경우가 많다 보니 곁에서 지켜보는 부모 역시 속상할 일이 많다.

약점에 집착하지 않는 아이들 역시 더 갖고 싶은 것이 많다. 이것도 잘하고 싶고 저것도 잘하고 싶다. 다른 아이가 뭔가를 잘해 인기가 높다거나 칭찬을 많이 받으면 부러워한다. 아이들 대부분은 질투를 한다. 아직은 스스로에 대한 믿음을 갖기 어려운 나이니 불가피한 면이 있다. 아이는 누군가 나를 좋아하지 않는 상황을 위험하다고 지각한다. 나를 좋아하는 사람이 없다면 나는 버려질 것이다. 부모와의 관계가 안정적이라면 그나마 버틸 수 있지만 부모 역시 아이에게 믿음을 주지 못한다면 아이의 어려움은 커진다. 잘하는 점이 많은 아이라면 살 만하겠지만 상대적으로 드러나는 장점이 없는 아이라면 또래 관계가 늘 버겁다.

이런 아이들에게 도움이 되는 그림책은 많이 나와 있다. 소위 '자존감 그림책'이다. 있는 그대로의 자신을 받아들이고, 자신의 장점을 소중히 여길 수 있도록 도와주는 책들이다. 네다섯 살이라면 베르너 홀츠바르트의 『나는 다른 동물이면 좋겠다』, 그보다 큰 아이라면 우쓰기 미호의 『치킨 마스크』가 좋다. 다만 이런 그림책을 아이와 읽을 때는 꼭 기억할 점이 있다. 아이에게는 책보다 책을 함께 읽는 부모의 마음이 다가온다. 부모가 진심으로 있는 그대로의 아이의 모습을 사랑해야 한다. 아이가 가진 약점보다는 장점을 보고 이 아이가 나의 아이인 데 대해 감사하고 기뻐해야 한다. 그 마음이 부모에게 없다면 책은 아이의 마음을 움직이지 못한다. 책은 언제나 도구에 불과하다. 아이가 받아들이는 것은 책이 아니다. 부모와 함께한 시간이다. 그 시간에 경험하는 부모의 마음이다.

#비교는 본능 #욕심이 많은 아이 #걱정이 많은 아이
#자존감 그림책 #만약 내가 ○○라면

함께 읽어보면 좋은 책

제마 메리노의 『물을 싫어하는 아주 별난 꼬마 악어』(제마 메리노 지음)는 친구들과 다른 자기 자신의 모습에 속상해하는 아이들에게 도움이 된다. 꼬마 악어는 악어인 주제에 친구들과 달리 물을 싫어하니 늘 힘겨워했다. 하지만 알고 보니 악어는 불을 내뿜을 수 있는 용이었다. 안데르센의 동화 『미운 오리 새끼』와 비슷한 얼개의 이야기지만 간결하고 재미있다. 아이들이 가진 약점은 실은 장점을 만드는 원동력인 경우가 많다. 예민한 아이는 감성이 풍부한 아이가 되고, 두려움이 많은 아이는 신중한 아이가 될 수 있다. 문제는 부모가 그것을 믿고 기다려줘야 한다는 점. 말처럼 쉽지는 않은 일이다.

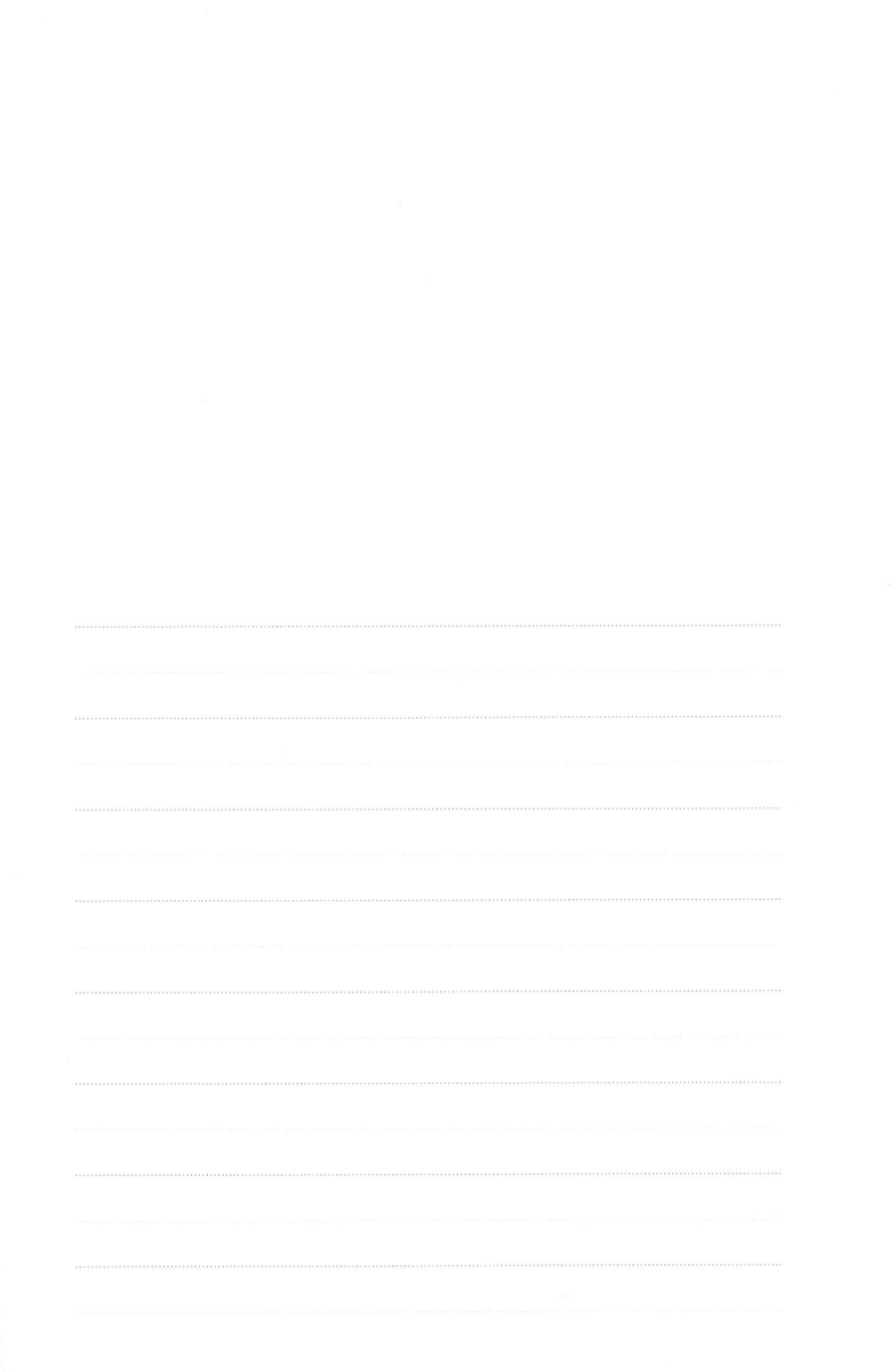

06

6						
						1
2	3	4	5	6	7	8
9	10	11	12	13	14	15
16	17	18	19	20	21	22
23 30	24	25	26	27	28	29

7						
	1	2	3	4	5	6
7	8	9	10	11	12	13
14	15	16	17	18	19	20
21	22	23	24	25	26	27
28	29	30	31			

9
일요일

10
월요일

11
화요일

12
수요일

13
목요일

14
금요일

15
토요일

이번 주에
아이와 함께 읽은 그림책

책 제목 :

별점 : 엄마, 아빠 ☆☆☆☆☆   아이 ☆☆☆☆☆

아이와 함께 나눈 이야기 :

책 제목 :

별점 : 엄마, 아빠 ☆☆☆☆☆   아이 ☆☆☆☆☆

아이와 함께 나눈 이야기 :

책 제목 :

별점 : 엄마, 아빠 ☆☆☆☆☆   아이 ☆☆☆☆☆

아이와 함께 나눈 이야기 :

6월 둘째 주

코끼리는 절대 안 돼!
리사 맨체프 글, 유태은 그림 | 한림출판사

4세 이상

차이를 받아들인다는 것이 누구에게나 쉬운 일은 아니다. 나와 다르면 호기심이 생기는 사람도 있지만 거부감이 느껴지는 사람도 있다. 다 똑같지 않아 더 즐겁다는 사람도 있지만 모두가 같지 않으니 피곤하다는 사람도 있다. 누군가는 예민하고 누군가는 쉽게 불안해진다. 누군가는 둔감하고 누군가는 조금도 지루한 것을 견디지 못한다. 이렇듯 사람은 모두 다르다. 인정하지 않을 수 없다. 달라서 불편한 마음은 이해할 수 있지만 그렇다고 다르지 않을 수는 없다. 그저 받아들이는 것밖에는 방법이 없다.

말은 그렇지만 어떤 아이들에겐 이것이 쉽지 않다. 그래서 자기와 비슷한 친구, 자기 마음에 드는 친구만 가까이한다. 그게 나쁜 것은 아니다. 친구를 사귄다는 것은 억지로 할 수는 없는 일이다. 다만 내 친구로 삼지 않는 것을 넘어서서 누군가를 따돌린다면, 나랑 달라서 네가 싫다고 드러내 표현한다면 그때부터는 나쁜 일이 된다. 서로가 서로에게 나랑 달라서 네가 싫다고 말한다면 어떤 일이 벌어질까? 함께 살아갈 수 없다. 평화는 사라지고 싸움만 남는다.

『코끼리는 절대 안 돼!』는 친구 관계를 다루는 그림책이다. 귀여운 코끼리는 너무나 사랑스럽지만 불편한 점이 있다. 아무도 코끼리를 반려동물로 키우지는 않는다. 그러다 보니 친구네 집에 놀러갈 때도 데려갈 수가 없다. 아이들은 코끼리가 얼마나 순하고 사랑스러운지 관심이 없다. 이해하지 못하니 두려움만 키워 그저 나쁘리라 생각한다. 아이는 쓸쓸히 친구 집 앞에서 발길을 돌리고 비 오는 거리를 우산도 없이 걷는다. 그러나 남다른 동물을 키우는 것은 아이뿐이 아니었다. 스컹크를 키우는 아이도 있고, 기린을 키우는 아이도 있고, 고슴도치를 키우는 아이도 있다. 아이들은 공원에 모여 누구도 배제하지 않는 멋진 놀이 공간을 만든다. 서로 다 다르지만 얼마든지 함께할 수 있다. 친구란 그런 것이다. 불편을 견디고 함께 즐거움을 찾는 사이다.

유태은 작가의 그림은 언제 보아도 미소가 지어진다. 귀엽고 사랑스럽다. 캐릭터는 친근하고 색채 사용에는 세련된 따뜻함이 있다. 글을 쓴 리사 맨체프는 시치미를 떼며 슬쩍 집어넣는 유머 코드가 매력적이다. 아이들은 아직 잘 모른다. 친구라면 어떻게 해야 하는지? 뭐 걱정할 필요 없다. 하나씩 알려주면 된다. 친구의 약점을 인정하고, 서로 돕고, 가끔은 친구를 위해 용기를 낸다. 누군가 뒤에 처지면 챙겨준다. 어렵지 않은 덕목이지만 상대를 위하는 마음이 없다면 실천하기 어렵다.

아이들은 이기적이지 않지만 자기를 중심에 두고 생각한다. 남의 입장이나 감정을 볼 정도로 섬세하지 않다. 그래서 때로는 실수를 하고, 때로는 좋지 않은 모습을 보인다. 하지만 괜찮다. 아직 어리다. 겁을 주거나 야단칠 필요 없다. 나쁜 것은 나쁘다고 분명하게 말해주면 된다. "네 마음을 이해할 수 있지만, 따로 놀고 싶지만, 조금 불편하겠지만 그래도 그러면 안 돼." 아이들은 변한다. 미리 단정하지 말자. 희망을 갖고 미래를 보자. 아이는 변한다. 변하기 어려운 존재는 어쩌면 우리 어른들이다.

#친구 관계 그림책 #나의 반려동물은 코끼리
#다르다와 틀리다 #친구의 덕목

06

```
   6
                    1
 2  3  4  5  6  7  8
 9 10 11 12 13 14 15
16 17 18 19 20 21 22
23 30 24 25 26 27 28 29
```

```
   7
    1  2  3  4  5  6
 7  8  9 10 11 12 13
14 15 16 17 18 19 20
21 22 23 24 25 26 27
28 29 30 31
```

16
일요일

17
월요일

18
화요일

19
수요일

20
목요일

21
금요일

22
토요일

이번 주에
아이와 함께 읽은 그림책

책 제목 :

별점 : 엄마, 아빠 ☆☆☆☆☆   아이 ☆☆☆☆☆

아이와 함께 나눈 이야기 :

책 제목 :

별점 : 엄마, 아빠 ☆☆☆☆☆   아이 ☆☆☆☆☆

아이와 함께 나눈 이야기 :

책 제목 :

별점 : 엄마, 아빠 ☆☆☆☆☆   아이 ☆☆☆☆☆

아이와 함께 나눈 이야기 :

6월 셋째 주

비밀이야
박현주 지음 | 이야기꽃

8세 이상

아이들이 좋아하는 그림책은 자신의 삶을 담은 그림책이다. 엄마 아빠의 어릴 적 이야기보다, 내가 경험하지 못한 먼 곳의 이야기보다 자신이 하루하루 살면서 경험하는 이야기가 담겨 있을 때 흥미를 갖는다. 물론 현실을 그대로 그리면 별로다. 현실의 답답함을 넘어서는 상상이 있고, 지루함을 흔드는 재미가 있고, 소망을 이루는 기발함이 있어야 웃으며 책장을 넘긴다.

박현주 작가의 『비밀이야』에는 요즘 아이들이 살아가는 현실이 담겨 있다. 아이들은 늦게까지 부모가 돌아오지 않은 집에서 시간을 보낸다. 아이의 가장 가까운 친구는 스마트폰과 TV다. 세상은 안 되는 것투성이다. 심심해서 재미난 것을 하려 해도 집은 좁은데다 이웃을 신경 써야 한다. 층간소음도 내면 안 된다. 한없이 뛰어놀고 싶은 아이에게 세상은 가만히 앉아서 조용히 있기를 바란다. 지루해서 '아무말대잔치'를 하던 아이는 결국 누나에게 머리통을 한 대 맞았다. 말도 안 되는 소리를 한다고. 말도 안 되는 것은 아이가 놓인 현실인데.

그래도 누나는 아이의 편이다. 억울해서 우는 아이를 달래준다. 거북이를, 코끼리를, 포근한 털의 양떼를 키워보자고 제안한다. 상상이 시작되자 아이는 자유로워진다. 신이 난다. 아이 둘만 지키는 집은 썰렁하지만 어느덧 따뜻해진다. 이것이 상상의 힘이다. 할 수 있는 일이 얼마 없고, 가질 수 있는 것이 얼마 없기에 아이들에겐 공상이, 놀이가 너무나 중요하다. 현실만 봐야 한다면 아이에게 삶은 얼마나 가혹하겠는가? 실패 또 실패, 거절과 금지가 아이들의 실제 삶이다. 부모의 사랑이 있지만 그만큼 부모에게 의지해야 한다. 부모의 말을 따라야 한다. 부모도 아이를 키우려면 힘들겠지만 아이들 역시 삶은 쉽지 않다.

그림책은 아이들에게 상상의 공간을 선물한다. 아이들이 그림책을 좋아하는 이유가 여기에 있다. 아직 힘이 없는 아이에게 힘을 주고, 뭐라 말해야 할지 모르겠는 아이에게 목소리를 준다. 현실은 변하기 어렵다. 어른이 되려면 많은 시간이 필요하다. 어른이 된다고 꼭 좋은지도 알 수 없다. 그래도 오늘을 살아내려면 오늘 조금 행복해야 한다. 그림책은 아이가 버텨낼 수 있는, 그래서 미래를 꿈꿀 수 있는 힘을 준다. 삶이 나쁘지만은 않을 것이라는 희망을 준다.

책의 마지막, 동생은 누나에게 묻는다. 엄마가 허락해줄까? 누나의 답이 아름답다. 비밀이라고. 어떻게 할지 우리 같이 생각해보자고. 행복한 상상 속에 머물고 싶은 동생의 마음을 지켜주는 누나의 현명한 답이다. 그래서일까? 나란히 누워 천장을 바라보는 두 아이의 표정이 한없이 밝다. 그림책을 덮고 아이와 나란히 누워보자. 이 순간 여기가 어디면 좋겠어? 뭘 하고 있으면 좋겠어? 웃으며 즐거운 상상을 나눠보자. 보이지 않겠지만 아이의 얼굴은 한없이 밝을 것이다.

#내 이야기가 담긴 그림책 #상상력 #엄마에게는 비밀이야

06

		6								7					
							1		1	2	3	4	5	6
	2	3	4	5	6	7	8	7	8	9	10	11	12	13
	9	10	11	12	13	14	15	14	15	16	17	18	19	20
	16	17	18	19	20	21	22	21	22	23	24	25	26	27
	23/30	24	25	26	27	28	29	28	29	30	31			

23
일요일

24
월요일

25
화요일

26
수요일

27
목요일

28
금요일

29
토요일

이번 주에
아이와 함께 읽은 그림책

책 제목 :

별점 : 엄마, 아빠 ☆☆☆☆☆   아이 ☆☆☆☆☆

아이와 함께 나눈 이야기 :

책 제목 :

별점 : 엄마, 아빠 ☆☆☆☆☆   아이 ☆☆☆☆☆

아이와 함께 나눈 이야기 :

책 제목 :

별점 : 엄마, 아빠 ☆☆☆☆☆   아이 ☆☆☆☆☆

아이와 함께 나눈 이야기 :

6월 넷째 주

6세 이상
조금만 기다려 봐
케빈 헹크스 지음 | 비룡소

아이들은 기다림을 힘들어한다. 당장 먹고 싶어 하고 당장 갖고 싶어 한다. 뭐든 바로 주어지지 않으면 시간의 절벽으로 뚝 떨어지고 말 것만 같다. 그래서 조른다. 부모는 이런 아이가 답답하고 피곤하다. 뭐든 아이에게 맞출 수는 없기 때문이다. 게다가 걱정도 든다. 이렇게 참을성이 없어서야 나중에 고생하지는 않을까 싶다. 세상을 살아본 부모는 안다. 세상에는 시간을 두고 꾸준히 노력해야 얻을 수 있는 일이 많고, 괴롭지만 당장은 어떻게 해볼 수 없는 상황도 흔하다. 기다릴 줄 아는 아이라야 사는 것이 나을 듯싶다.

케빈 헹크스의 『조금만 기다려 봐』는 잔잔한 그림책이다. 급한 마음으로 책장을 넘기면 이게 뭔가 싶다. 천천히 장난감 동물들의 표정도 보고 장면 하나하나에 집중할 때 비로소 재미를 느낄 수 있다. 얼핏 보면 단순하지만 섬세하게 그린 그림들이다. 장난감들이 창틀 위에 놓여 있다. 그 아이들은 각자 기다리는 시간이 있다. 올빼미는 달님을, 아기 곰은 바람을 기다린다. 우산 쓴 꼬마 돼지는 비를 기다리고 썰매 탄 강아지는 함박눈을 기다린다.

그런데 그림책의 주인공인 별 토끼 장난감은 특별히 기다리는 시간이 없다. 그래도 늘 기대를 갖고 창밖을 바라본다. 어떤 일이 또 내게 선물처럼 다가올까? 큰 비가 내리면 빛나는 번개를 볼 수 있고 비가 지나가면 아름다운 무지개가 뜬다. 가끔은 아름다운 불꽃놀이도 벌어지고 겨울에는 고드름과 서리가 멋진 그림을 그려내리라. 기대도 하지 않았지만 새로운 친구가 찾아오기도 하고 슬픈 일도 오겠지만 신나는 일이 벌어지기도 한다. 별 토끼에게 삶은 늘 새롭다. 기대의 연속이다. 다가오는 미래를 궁금해하는 그는 기대를 갖고 매 순간을 맞이한다.

케빈 헹크스는 기다림을 미래를 위한 인내의 시간으로 보지 않았다. 그에게 기다림은 현실에 집중하는 마음이다. 내일은 또 무엇이 다가올지 모르지만 기쁘게 맞으려는 마음이다. 더 나은 것, 대단한 것을 기다린다면 행복은 언제나 뒤로 미룰 수밖에 없다. 미래를 위해 현재를 희생해야 한다. 기다리지 못하는 건 아이뿐 아니다. 부모인 우리도 기다림이 힘들다. 한두 번 말하면 빨리 움직이길 기대하고, 부모의 말귀를 알아듣고 당장 변화하길 바란다. 하루빨리 아이가 커서 편해졌으면 싶고 아이의 능력이 쑥쑥 자라 사회에서 인정받기를 기대한다. 그렇게 부모는 육아의 시간을 즐기지 못한다. 불안에 시달리느라 다가올 내일을 담담하게 맞이하지 못한다.

삶에선 늘 이 순간이 절정이다. 오늘을 제대로 살고 내일을 감사하며 맞을 수 있어야 삶이 행복할 수 있다. 오늘 내게 다가온 것에 감사하며 다가올 미래도 기대를 갖고 맞이해야 한다. 그럴 때 가슴 벅찬 행복은 아닐지 몰라도 평화롭고 아름답게 시간을 살아낼 수 있다. 아이와 내게 어떤 미래가 다가올지 모른다. 하지만 그것이 무엇이든 온몸으로 맞이하면 된다. 우리는 잘 해낼 수 있다. 그런 확신이 부모인 내게 있다면 아이도 기다림이 편안한 아이로 성장할 수 있다. 이 잔잔한 그림책이 전하는 깊은 메시지다.

#기다리는 시간 #현실에 집중하는 마음 #너는 무얼 기다리니?

함께 읽어보면 좋은 책

엉뚱할지 모르지만 이번 주에 함께 읽어볼 만한 그림책은 전쟁과 평화에 대한 그림책이다. 이번 주는 한국전쟁이 발발한 날인 6월 25일이 있는 주다. 전쟁이 끝난 지 60년도 더 지나 이제 전쟁을 기억하는 사람도 얼마 남지 않았다. 하지만 우리는 여전히 휴전 중에 있는 나라다. 아이들에게 전쟁의 참상을 구체적으로 묘사해줄 필요는 없다. 다만 평화가 얼마나 소중한 것인지 이야기해보고, 우리의 역사를 잠시 생각해볼 수 있는 시간을 갖는 것은 의미가 있다.

전쟁에 대한 이야기 하면 권정생 선생님의 작품을 우선 생각하게 된다. 온몸으로 전쟁의 아픔을 통과해낸 선생님은 평화가 왜 소중한지 누구보다 잘 아는 분이다. 추상적인 전쟁이 아닌 우리 민족이 겪어낸 전쟁, 그 전쟁에서 우리 아이들이 겪었던 경험을 선생님의 작품에서 오롯이 볼 수 있다. 초등 저학년이라면 『강냉이』, 초등 중학년 이상이라면 『곰이와 오푼돌이 아저씨』를 권하고 싶다. 『강냉이』는 첫 페이지를 여는 순간 눈을 떼기 어려운 작품이다. 김환영 선생님의 그림은 그저 감탄만 나오게 한다. 그림 속엔 불안과 걱정, 무엇보다 슬픔이 가득한데 그럼에도 우리는 그림을 보면 꿈을 꾸게 된다. 그림이 우리 마음을 어루만진다.

다비드 칼리의 글에 세르주 블로크가 그림을 그린 『적』도 추천하는 책이다. 우리는 왜 싸우는가? 또 어떻게 하면 싸움을 끝낼 수 있는가? 서로를 이해할 때, 상대도 나와 똑같은 사람이라는 것을 깨닫는다면 우리는 더 이상 무기를 들고 있을 수 없다. 그때 우리는 용기를 내야 한다. 전쟁보다 평화에 더 많은 용기가 필요하다. 마지막으로 아나이스 보즐라드의 『전쟁』. 전쟁도, 싸움도 싫어하는 왕자가 있다. 하지만 그도 전쟁을 피할 수 없다. 옆 나라 왕자가 결투를 신청한다. 어떻게 그는 대처할까? 왕자의 대처를 보면 그 기발함에 감탄이 나온다. 뻔한 생각, 늘 해온 생각을 반복한다면 우리는 싸울 수밖에 없다. 평화를 원한다면 달라져야 한다. 다르게 생각하고 다르게 접근해야 한다. 어쩌면 우리 자신이 달라져야 지긋지긋한 싸움을 끝낼 수 있을 것이다.

 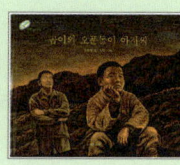  

07

일	월	화
	1	2
7	8	9
14	15	16
21	22 중복	23
28	29	30

6

						1
2	3	4	5	6	7	8
9	10	11	12	13	14	15
16	17	18	19	20	21	22
23 30	24	25	26	27	28	29

8

				1	2	3
4	5	6	7	8	9	10
11	12	13	14	15	16	17
18	19	20	21	22	23	24
25	26	27	28	29	30	31

1일 2일 3일 4일 5일
6일 7일 8일 9일 10일
11일 12일 13일 14일 15일

아이와 함께 그림책을 본 날

수	목	금	토
3 음 6.1	4	5	6
10	11	12 초복	13
17 제헌절 음 6.15	18	19	20
24	25	26	27
31			

16일 17일 18일 19일 20일

21일 22일 23일 24일 25일

26일 27일 28일 29일 30일 31일

이 달에 내가 읽고 싶은 책

제목	지은이	체크

이 달에 아이와 읽고 싶은 책

제목	지은이	체크

이 달의 행사

날짜	행사명	장소	메모	체크
/				
/				
/				
/				
/				
/				

이 달에 나를 위해 하고 싶은 일

하고 싶은 일	메모	체크

이 달에 가족과 함께 하고 싶은 일

하고 싶은 일	메모	체크

사고 싶은 것

품명	가격	물품 정보	메모	체크
	₩			
	₩			
	₩			
	₩			
	₩			
	₩			

07

7
	1	2	3	4	5	6
7	8	9	10	11	12	13
14	15	16	17	18	19	20
21	22	23	24	25	26	27
28	29	30	31			

8
				1	2	3
4	5	6	7	8	9	10
11	12	13	14	15	16	17
18	19	20	21	22	23	24
25	26	27	28	29	30	31

6/30
일요일

1
월요일

2
화요일

3
수요일

4
목요일

5
금요일

6
토요일

이번 주에
아이와 함께 읽은 그림책

책 제목 :

별점 : 엄마, 아빠 ☆☆☆☆☆   아이 ☆☆☆☆☆

아이와 함께 나눈 이야기 :

책 제목 :

별점 : 엄마, 아빠 ☆☆☆☆☆   아이 ☆☆☆☆☆

아이와 함께 나눈 이야기 :

책 제목 :

별점 : 엄마, 아빠 ☆☆☆☆☆   아이 ☆☆☆☆☆

아이와 함께 나눈 이야기 :

7월 첫째 주

4세 이상 밖에 나가 놀 거야!
모 윌렘스 지음 | 푸른숲주니어

모 윌렘스의 그림책을 읽는 것은 즐겁다. '내 토끼' 시리즈 3부작은 이미 유명하지만 다른 책도 그에 못지않다. 무엇보다 그는 아이들의 마음의 흐름을 잘 아는 작가다. 아이들의 마음이 어떤 리듬으로 움직이며, 무엇에 반응하고, 어디서 웃음이 터지는지 그만큼 잘 아는 작가도 드물다.

카툰 식으로 그린 단순한 그림도 아이들의 특성을 계산한 것이다. 아이들은 아직 주의력에 한계가 있다. 스토리를 따라가도록 하려면 그림이 주의를 분산시켜선 안 된다. 가급적 주인공의 표정을 중심으로 감정이 분명히 드러나도록 그려야 한다. 캐릭터는 귀엽고 부담이 없어야 하며 배경은 과감하게 생략해도 좋다. 이야기를 끌고 가는 방식은 지문보다는 대사가 낫다. 그래야 TV쇼를 보듯 아이가 얼른얼른 책장을 넘긴다. 지금 페이지에 머물기보다 다음 상황이 궁금해지도록 만드는 것. 그것이 그의 장기다.

『밖에 나가 놀 거야!』는 장마철에 어울리는 그림책이다. 밖에 나가서 신나게 놀려고 마음먹은 코끼리 코보와 꿀꿀이 피기. 갑자기 비가 쏟아진다. 피기는 놀 수 없다는 생각에 점점 기분이 나빠진다. 급기야는 자신이 불행한 꿀꿀이라며 슬퍼한다. 그런데 어라? 내리는 비에 신나 하는 지렁이들이 있다. 피기는 갑자기 그 녀석들이 부러워졌다. 나도 그렇게 놀고 싶어.

비는 여전하지만 이제 피기는 신나게 빗속에서 뛰어논다. 비가 오니 더 재밌게 놀 수 있는 것만 같다. 아까 한 말은 까맣게 잊고 피기는 이야기한다. 매일 매일 비가 오면 좋겠다고. 그런데 아뿔싸. 그 말을 하기 무섭게 비가 그친다. 피기는 또 실망한다. 나는 불행한 꿀꿀이야. 하지만 피기에겐 코보가 있다. 코에 잔뜩 물을 머금고 피기에게 뿌려주는 코보. 피기는 불행한 꿀꿀이가 아니다. 이렇게 좋은 친구인 코보가 있으니까.

아이들은 언제나 밝아야 할 것만 같지만 아이들의 기분만큼 쉽게 변하는 것도 없다. 날씨보다 더 변덕스럽다. 작은 불운에도 금세 삐졌다가 어처구니없게 밝아지기도 한다. 감정이 늘 마음먹기 나름은 아니다. 슬플 만한 이유도 분명히 있다. 하지만 감정에 휩쓸려 스스로를 불행한 존재라고 생각해서 좋아질 일은 없다. 상황은 달라지기 마련이고 같은 상황이라 하더라도 우리는 다르게 대처할 수 있다. 만약 대처가 어려운 상황이 지속된다 하더라도 아이는 혼자가 아니다. 적어도 지금 곁에서 그림책을 함께 읽는 부모가 있지 않은가?

비가 오는 날은 비가 오는 대로, 쨍쨍한 날은 쨍쨍한 대로 즐겨야 한다. 즐기기 어려운 날도 있으리라. 그런 날에도 내 속상한 마음 알아주는 한 사람이 있다면 넘어갈 수 있다. 아이가 힘들어한다면 따뜻하게 안아주며 이야기하자. "속상하지? 그래도 너는 불행한 사람은 아니야. 내가 곁에 있을 테니까. 잠시 속상할 때는 있겠지. 그래도 우리 기운 내서 재밌게 지낼 방법을 찾아보자."

장마에 신나게 놀기 #변덕이 죽 끓듯 #모 윌렘스 #코보와 피기

함께 읽어보면 좋은 책

장마가 길어지는 시점에 어울리는 책은 여러 권이다. 빗속에서 뛰어놀도록 만드는 책이라면 염혜원 작가의 『물웅덩이로 참방!』을 권하고 싶다. 비가 온다고 집에만 틀어박혀 있으면 아이들은 견딜 수 없다. 까짓것 신나게 놀고 한바탕 씻는 편이 낫다. 이수지 작가의 『이렇게 멋진 날』 역시 추천한다. 두 그림책 모두 역동적인 그림이라 장마철의 우울한 기분쯤은 쉽게 날릴 수 있다. 캐릭터들의 표정도 밝고, 맑고 환한 색을 사용하여 읽다 보면 마음까지 밝아진다.

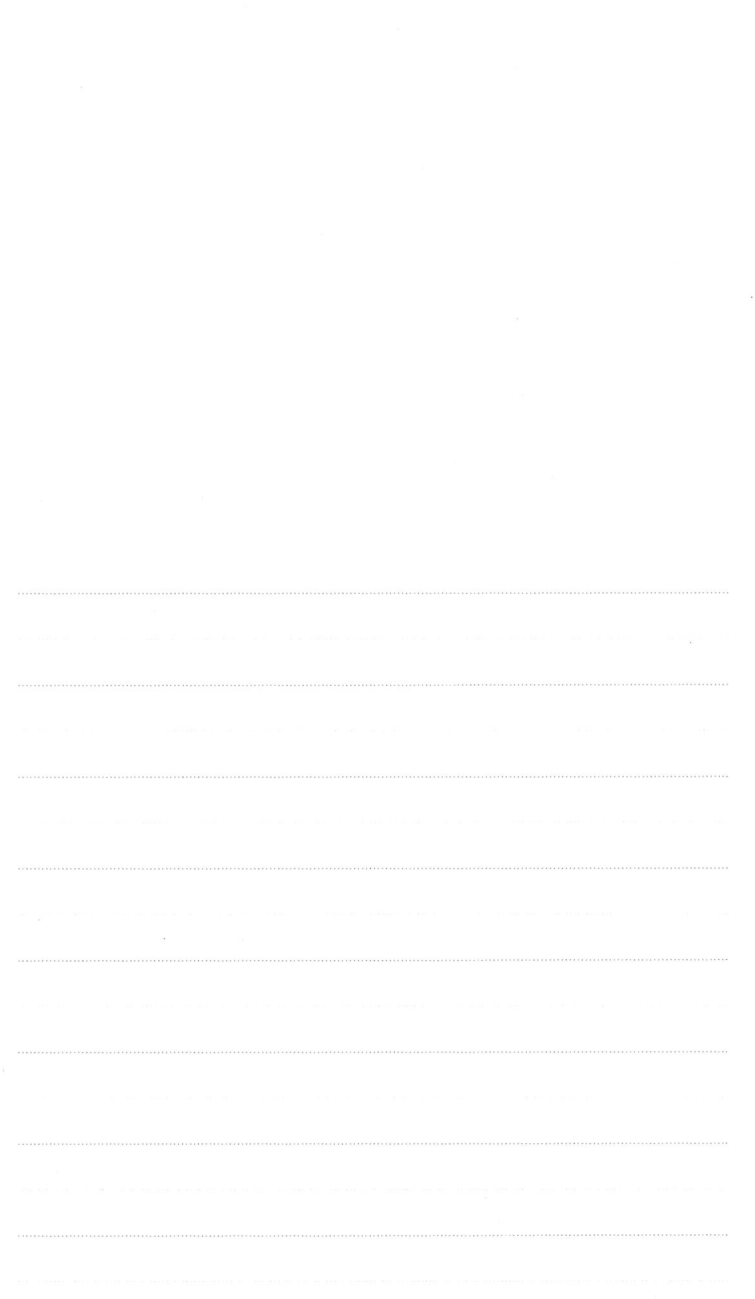

07

7
	1	2	3	4	5	6
7	8	9	10	11	12	13
14	15	16	17	18	19	20
21	22	23	24	25	26	27
28	29	30	31			

8
				1	2	3
4	5	6	7	8	9	10
11	12	13	14	15	16	17
18	19	20	21	22	23	24
25	26	27	28	29	30	31

7
일요일

8
월요일

9
화요일

10
수요일

11
목요일

12
금요일

13
토요일

이번 주에
아이와 함께 읽은 그림책

책 제목 :

별점 : (엄마, 아빠) ☆☆☆☆☆　(아이) ☆☆☆☆☆

아이와 함께 나눈 이야기 :

책 제목 :

별점 : (엄마, 아빠) ☆☆☆☆☆　(아이) ☆☆☆☆☆

아이와 함께 나눈 이야기 :

책 제목 :

별점 : (엄마, 아빠) ☆☆☆☆☆　(아이) ☆☆☆☆☆

아이와 함께 나눈 이야기 :

7월 둘째 주

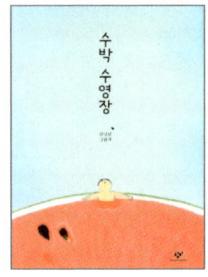

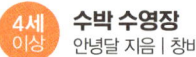

수박 수영장
안녕달 지음 | 창비
4세 이상

안녕달 작가는 이제 여름을 대표하는 작가가 되었다. 『수박 수영장』에 이어 『할머니의 여름휴가』까지 그의 그림책을 읽지 않고 여름을 넘기기가 쉽지 않다. 색연필을 섬세하게 사용하여 수박 특유의 질감을 제대로 표현해낸 『수박 수영장』이나 평화로운 비취색 바다와 노란 모래사장이 아련하게 그려진 『할머니의 여름휴가』는 아이들만큼이나 부모도 좋아하는 책이다.

그의 책에는 대담한 상상력이 있다. 『수박 수영장』의 배경인 시골의 마을엔 그럴듯한 수영장이 없어 아이들은 재밌게 놀기 어렵다. 『할머니의 여름휴가』에서 할머니는 몸도 불편하고 혼자 사니 이제 더 이상 바닷가에 가지 못한다. 젊은 날 입었던 수영복은 갖고 있지만 쓸모가 없다. 그런 현실의 한계를 작가는 상상을 통해 가볍게 넘어선다. 사물의 크기를 비틀어 현실과 상상을 잇고 손자의 따뜻한 마음을 비밀의 문으로 삼아 상상의 공간으로 들어간다.

그의 상상이 지닌 특별한 점은 상상의 공간 역시 들떠 있지 않고 차분하다는 데 있다. 보통 상상의 공간은 흥분되기 마련이다. 소망을 이루는 곳이고, 없던 곳을 만들어낸 것이니 그럴 만도 하다. 하지만 안녕달 작가가 만든 상상의 공간은 담담하다. 오래 전부터 그런 곳이 있었던 듯 흥분 없이 그려진다. 그 담담함이 묘한 평화를 준다. 여름이지만 뜨겁지 않은, 잔잔한 여름이다. 선풍기 바람 같은, 물기 많은 수박 같은 여름이다.

그의 그림책이 조금 애매하다는 비판도 있다. 무엇보다 아이들이 감정을 이입할 대상이 모호한 면이 있다. 『수박 수영장』을 보면서 '와, 여기서 나도 놀고 싶다. 진짜 멋지다.' 느끼지만 이야기를 더 이어가지 못한다. 한발 뒤에서 바라볼 뿐 책 속으로 들어갈 수 없다. 『할머니의 여름휴가』에서도 아이들은 할머니가 바다에서 보내는 시간을 그저 지켜봐야 한다. 할머니와 함께 바다를 즐기고 싶지만 그럴 수 없다. 아이들은 그림책을 읽을 때 자신을 주인공으로 생각하는 경향이 있다. 가능하다면 이야기 속으로 깊게 들어가려 하고 극적인 스토리를 만들어내려 한다. 안녕달 작가의 책은 그런 여지를 주지 않는다. 그저 지켜보라고 한다. 어쩌면 이렇게 말하는 것만 같다. "여름에는 천천히 움직이는 거야. 흥분하면 땀만 나. 더워진다고."

그의 책을 읽고 나서 아이와 이야기를 나눠보면 좋겠다. 아이와 나누는 이야기에선 아이가 주인공이다. 우리도 수박 먹을까? 수박으로 장난도 좀 치면 수박에게 미안하려나? 수박을 반으로 잘라 속을 퍼먹으며 나눌 수 있는 이야기는 너무나 많다. 수박 수영장에 가면 어떨 것 같아? 누구랑 같이 놀면 좋을까? 여기 나오는 것 말고 어떤 놀이를 더 만들어볼 수 있을까? 하하. 그래, 근데 수박 말고 다른 과일로 수영장을 만들 수도 있겠지? 즐거운 이야기를 나누다 보면 여름이 하루 저문다. 오늘은 어제보다 왠지 시원하게 보낸 듯싶다.

#여름 그림책 #여름에는 수박이지
#구름 양산과 먹구름 샤워 #안녕달

07

7
	1	2	3	4	5	6
7	8	9	10	11	12	13
14	15	16	17	18	19	20
21	22	23	24	25	26	27
28	29	30	31			

8
				1	2	3
4	5	6	7	8	9	10
11	12	13	14	15	16	17
18	19	20	21	22	23	24
25	26	27	28	29	30	31

14
일요일

15
월요일

16
화요일

17
수요일

18
목요일

19
금요일

20
토요일

이번 주에
아이와 함께 읽은 그림책

책 제목 :

별점 : 엄마, 아빠 ☆☆☆☆☆ 아이 ☆☆☆☆☆

아이와 함께 나눈 이야기 :

책 제목 :

별점 : 엄마, 아빠 ☆☆☆☆☆ 아이 ☆☆☆☆☆

아이와 함께 나눈 이야기 :

책 제목 :

별점 : 엄마, 아빠 ☆☆☆☆☆ 아이 ☆☆☆☆☆

아이와 함께 나눈 이야기 :

7월 셋째 주

 구름놀이
한태희 지음 | 아이세움

 구름공항
데이비드 위즈너 지음 | 시공주니어

장마가 지나고 나면 구름의 계절이 온다. 두터운 구름이 내려앉아 푹푹 찌는 날도 있지만 푸르고 높은 하늘에 구름이 마음껏 그림을 그리는 날도 있다. 더워서 움직이기도 쉽지 않을 때니 이런 날엔 누워서 구름을 보며 여유 있게 상상 놀이를 해본다.

저 구름은 무엇을 닮았을까? 아이도 답하고 나도 말해본다. 아이의 생각이 예상을 넘어서는 경우도 많다. 하늘에 구름이 많은 날이면 이름 붙일 녀석이 많다. 이름을 붙이다 보면 자연스럽게 이야기도 만들어진다. "저기 호랑이 구름이 저기 토끼 구름을 쫓아가는 거야. 그런데 토끼가 잡힐 것 같으니 '얼음' 하고 외쳐 버렸어. 그래서 멈춘 거야. 언제 토끼가 '땡' 하고 외치고 도망갈까?" 그저 상상 속의 이야기다. 엉성해도 괜찮다. 구름처럼 사라지는 이야기들이다. 그저 이 나른한 시간을 즐길 수 있다면 충분하다.

만약 어떻게 해야 할지 모르겠다면 한태희 작가의 『구름놀이』를 먼저 읽어보는 것도 좋겠다. 아이는 여름 풀밭에 누워 있다. 우산으로 살짝 얼굴만 가리고 하늘의 구름을 올려다본다. 꽃 모양의 구름. 거기에 나비 구름이 날아오더니 이내 날아간다. 곧 하얀 새 구름이 와서 손을 모아 집을 지어주었다. 새 구름은 토끼 구름이 오니 사라지고, 토끼 구름은 호랑이 구름에 쫓겨 도망갔다. 토끼를 지켜주려 호랑이 구름의 꼬리를 잡았더니 구름이 '어흥' 하며 으르렁대는 듯하다. 에구, 무서워라.

아이들에게 구름은 부러움의 대상이다. 저 높은 곳에 떠서 자유롭게 흘러간다. 게다가 이런 모습, 저런 모습으로 변화할 수 있다. 그런 자유를 아이도 갖고 싶다. 하지만 구름은 또 언제 사라질지 모른다. 바람이 불면 흩어지고 뭉쳐서 비가 되면 사라진다. 자유로운 만큼 불안한 운명이다. 아이들은 자유는 부럽지만 불안은 피하고 싶다. 그래서 내가 못하는 것을 대신 해주는 구름을 보면서 대리 만족을 경험한다. "그래, 구름아. 나 대신 네가 뭐든지 다 해보렴."

단순한 상상 놀이에는 흥미를 느끼지 못하는 아이라면 데이비드 위즈너의 『구름공항』을 함께 읽어도 좋다. 만약 저 하늘 어딘가에 구름을 만들어내는 곳이 있다면? 아이들은 이런 상상에 잘 반응한다. 직관적으로 그 편이 이해하기도 쉽다. '구름을 누가 만들어내지 않으면 어떻게 저런 다양한 모양이 생기겠어. 누군가 하고 있을 거야. 그래. 만약 내가 그곳에 간다면 나는 어떤 구름을 만들어낼까? 어른들은 뻔한 구름만 만들어내겠지만 나는 더 멋진 구름을 만들어낼 거야.' 이제 아이의 상상 놀이는 좀 더 자유로워진다. 있는 구름에 이름을 붙이는 것을 넘어서 없던 구름도 만들어낸다. 하늘은 아이가 자유롭게 상상력을 펼치는 화폭이 된다. 저녁이 되어 구름이 붉은 옷을 입을 때까지. 여름은 낮이 길다. 시간은 얼마든지 많다.

#구름 상상 놀이 #자유 #변화 #내 구름은 ○○ 구름

07

7
```
         1  2  3  4  5  6
 7  8  9 10 11 12 13
14 15 16 17 18 19 20
21 22 23 24 25 26 27
28 29 30 31
```

8
```
               1  2  3
 4  5  6  7  8  9 10
11 12 13 14 15 16 17
18 19 20 21 22 23 24
25 26 27 28 29 30 31
```

21
일요일

22
월요일

23
화요일

24
수요일

25
목요일

26
금요일

27
토요일

이번 주에
아이와 함께 읽은 그림책

책 제목 :

별점 : 엄마, 아빠 ☆☆☆☆☆   아이 ☆☆☆☆☆

아이와 함께 나눈 이야기 :

책 제목 :

별점 : 엄마, 아빠 ☆☆☆☆☆   아이 ☆☆☆☆☆

아이와 함께 나눈 이야기 :

책 제목 :

별점 : 엄마, 아빠 ☆☆☆☆☆   아이 ☆☆☆☆☆

아이와 함께 나눈 이야기 :

7월 넷째 주

 별과 나
정진호 지음 | 비룡소

 그림자는 따라쟁이!
미야코시 아키코 지음 | 비룡소

여름밤은 짧다. 하지만 여름이야말로 밤을 즐기기 가장 좋은 계절이다. 무엇보다 춥지 않아 밖에서 오랜 시간 머무를 수 있다. 사실 여름 한낮은 놀기에도 쉽지 않다. 더위 먹은 강아지마냥 늘어져 있기 쉽다. 그에 비하면 밤은 한결 낫다. 잠이 오지 않는 여름밤, 밖에 나가면 그래도 살짝 바람이 분다. 살 만해진다.

그럴 때면 하늘을 한번 올려다봐야 한다. 거기에는 별이 있다. 여름밤의 또 하나의 매력이다. 여름은 은하수의 계절. 밤하늘에는 별이 가득하다. 물론 도시의 밤에 별을 보기란 쉽지 않지만 불빛이 적은 곳이라면, 그런 시간이라면 잊지 말고 하늘을 바라보자. 쏟아지는 별이 가슴을 뛰게 한다. 아이와 누워서 별을 세어보고, 더 밝은 별도 찾아보고 마음에 드는 별에는 이름도 붙여주자. 그 순간 별이 아이 눈으로 들어와 가슴에 오래도록 남을 것이다.

정진호의 그림책 『별과 나』는 글이 없는 그림책이다. 글은 없지만 내용을 이해하기는 어렵지 않다. 밤하늘엔 늘 별이 빛나지만 우리는 보지 못한다. 우리 가까이에는 언제나 빛이 있기 때문이다. 별은 빛이 없을 때만 우리에게 다가오고, 빛을 비추면 뒤로 물러난다. 인공적인 빛은 우리에게 편리와 안전을 주지만 공짜가 아니다. 별의 아름다움을 느낄 기회를 내줘야 한다. 도시의 불빛을 위해 우리는 온몸으로 별을 느낄 기회를 포기하고 별과 함께 상상을 즐길 수 있는 시간을 내줘야 한다.

도시의 아이에겐 빛이 익숙하고 오히려 별이 낯설 수 있다. 그렇더라도 여름밤에는 한번 불을 꺼보자. 그리고 환한 곳에서 어두운 곳으로 발을 내딛어보자. 아이가 무서워한다면 손을 꼭 잡고 한 발 한 발 어둠 속으로 걸어가 보자. 보지 못했던 풍경이 펼쳐질 것이다. 늘 있어 온 그곳에서 자연은, 밤은, 그리고 별은 우리를 기다리고 있다. 환한 것만 세상이 아니다. 어두운 것도 세상이다. 그리고 어둠 속에는 또 다른 빛이 있다. 별이 있다. 우리의 삶 역시 늘 밝을 수는 없다. 하지만 어두운 곳에도 빛나는 무언가가 우리를 기다리고 있을지 모른다. 실망하거나 겁먹고 움츠리지 않는다면, 삶은 우리에게 또 다른 경험을 준다. 어쩌면 그 경험이 더 아름다울지 모른다.

이왕 이야기가 나온 김에 어둠 속에서 할 수 있는 또 하나의 놀이를 더해보자. 손전등 놀이다. 캄캄한 밤 집의 불을 모두 끄고 손전등을 켠다. 환한 손전등 불빛으로 집 안 이곳저곳을 비춰본다. 낮에 보던 모습과 밤에 랜턴 불빛으로 보는 모습은 사뭇 다르다. 전등 불빛은 보름달처럼 둥글다. 한없이 환하다. 흑백의 선명한 대비가 시각적 즐거움을 준다. 장난감에 불빛을 비추면 무슨 연극의 한 장면을 보는 것도 같다. 그림자놀이도 하고 불빛이 얼마나 멀리 가는지 창밖을 비추기도 한다. 하늘에 전등을 비추면 불빛이 별에 닿을 것만 같다.

어둠을 가장 잘 표현하는 작가, 미야코시 아키코의 『그림자는 따라쟁이!』는 손전등 놀이의 교과서다. 읽으면 당장 손전등 놀이를 하고 싶어진다. 아이들이 손전등 놀이를 좋아하는 이유는 유능감을 경험할 수 있기 때문이다. 자신이 불빛을 비추는 곳은 환하고, 그렇지 않은 곳은 어둡다. 불빛의 방향을 바꾸고 크기를 바꾸면서 아이들은 힘이 세지는 느낌을 얻는다. 비록 그 순간일 뿐이겠지만 세상의 주인이 된 것만 같다. 별도 좋고 손전등도 좋다. 여름이 왔다면 며칠쯤은 이렇게 밤을 보내보는 것도 좋겠다. 방학이 있고 휴가가 있으니까. 좋은 계절이다.

#여름밤 #밤하늘 #별 #손전등 놀이 #그림자놀이

07

7						
		1	2	3	4	5	6
7	8	9	10	11	12	13
14	15	16	17	18	19	20
21	22	23	24	25	26	27
28	29	30	31			

8						
				1	2	3
4	5	6	7	8	9	10
11	12	13	14	15	16	17
18	19	20	21	22	23	24
25	26	27	28	29	30	31

28
일요일

29
월요일

30
화요일

31
수요일

8/1
목요일

2
금요일

3
토요일

이번 주에
아이와 함께 읽은 그림책

책 제목 :

별점 : (엄마, 아빠) ☆☆☆☆☆   (아이) ☆☆☆☆☆

아이와 함께 나눈 이야기 :

책 제목 :

별점 : (엄마, 아빠) ☆☆☆☆☆   (아이) ☆☆☆☆☆

아이와 함께 나눈 이야기 :

책 제목 :

별점 : (엄마, 아빠) ☆☆☆☆☆   (아이) ☆☆☆☆☆

아이와 함께 나눈 이야기 :

7월 다섯째 주

바다와 하늘이 만나다
테리 펜, 에릭 펜 지음 | 북극곰

바다는 두 가지 얼굴을 갖고 있다. 햇볕이 내리쬐는 백사장, 살랑살랑 치는 파도, 알록달록한 수영복, 들뜬 표정으로 물놀이를 즐기는 사람들. 평화롭고 행복한 바다의 얼굴이다. 하지만 그 모습은 바다의 가장자리, 그것도 극히 일부 가장자리의 모습일 뿐이다. 바다에는 설명할 수 없는 막막함이 있다. 깊이도 알 수 없고, 그 끝에 무엇이 있는지도 알 수 없다. 바다 가운데로 나가면 어디로 가야 할지도 알 수 없다. 발이 닿지 않는 바다, 내 발밑에 무엇이 있을지 알 수 없다. 어떤 아이는 그 바다에 겁을 먹고, 어떤 아이는 그 바다에 가슴이 뛴다. 저기엔 내가 바라는 무언가가 있을지 몰라.

바다를 그린 아름다운 그림책은 한둘이 아니다. 그 수많은 책의 목록 속에 꼭 들어갈 책 중 하나가 테리 펜, 에릭 펜 형제가 함께 만든 『바다와 하늘이 만나다』다. 이 책이 그리는 바다는 미지의 바다다. 끝을 알 수 없는 설명할 수 없는 바다다. 하지만 그 바다에는 할아버지와 소년이 함께 나눈 추억이 있다. 그 추억에서 이야기가 시작한다.

오늘은 할아버지의 아흔 번째 생일. 늘 소년과 항해를 하고 싶어 하던 할아버지는 지금 곁에 없다. 바다의 끝도 알 수 없지만 죽음의 다음도 알 수 없다. 할아버지를 사랑한 소년은 할아버지가 자주 했던 말을 생각한다. "배 타기 좋은 날이구나." 할아버지가 돌아가시고 소년은 혼자 배를 만든다. 미지의 바다가 궁금해서일까? 할아버지가 보고 싶어서일까? 소년은 할아버지가 혼자 향했을 먼 바다가 궁금하다. 할아버지는 늘 바다와 하늘이 마법처럼 만나는 곳이 있다고 했다. 그곳에 가면 할아버지가 계실 것만 같다.

배를 만들다 소년은 잠에 든다. 꿈속에서 소년의 항해는 시작한다. 꿈에 부풀어 시작한 여행이지만 곧 외로워진다. 넓은 바다 가운데 소년만 혼자다. 그때 커다란 황금 물고기가 나타난다. 수염이 멋진 황금 물고기는 할아버지를 닮았다. 황금 물고기의 안내로 소년은 모험을 시작하고 마침내 할아버지가 말한 바다와 하늘이 만나는 곳에 도착한다. 바다도 아니고 하늘도 아닌 곳. 바다이기도 하고 하늘이기도 한 곳.

펜 형제가 보여주는 환상의 세계는 말로 표현할 수 없이 아름답다. 이런 이유로 그림책이 필요하구나 싶다. 그림책에 그려진 상상의 세계를 보며 아이들의 상상력은 조금 더 성장한다. 볼 수 없는 곳은 두렵다. 가지 않은 곳은 겁이 난다. 하지만 우리는 아이들에게 더 큰 상상, 새로운 도전을 격려해야 한다. 아이들은 작든 크든 늘 도전 앞에 서 있기 때문이다. 먼 곳을 가야만 모험이 아니다. 세상을 겪은 지 얼마 되지 않은 아이들에겐 당장 내일의 삶도 모험일 수 있다. 책의 마지막, 보름달이 된 할아버지는 소년의 배에 바람을 분다. 할아버지의 바람을 받은 소년의 배는 씩씩하게 앞으로 나간다. 할아버지는 떠났지만 언제나 소년을 응원한다. 괜찮을 거야, 앞으로 걸어가 보렴. 우리 아이들에게는 걱정보다 응원이 필요하다.

#바다 그림책 #소년의 항해 #모험 #걱정보다 응원
#바다와 하늘이 만나는 환상의 세계

함께 읽어보면 좋은 책

바다를 그리는 그림책은 졸저 『그림책으로 읽는 아이들 마음』에 정리해두었다. 이수지 작가의 『파도야 놀자』, 캐시 헨더슨과 패트릭 벤슨의 『작은 배』는 언제나 추천하고 싶은 책이다. 바다 여행을 계획하고 있다면 솔 운두라가의 『여름 안에서』도 권할 만하다. 이 책 역시 그림이 압도적이다. 펜 형제의 그림과는 많이 다르지만 마찬가지로 멋지다. 아이들이 보고 싶은 바닷가의 열정과 재미, 한가로움과 번잡함이 세련되게 그려져 있다. 아이들은 책을 열자마자 바다에 빠져들듯 그림 속으로 빠져든다. 여름 내내 보고 또 볼 수 있는 책이다.

08

일	월	화
4	5	6
11 말복	12	13
18	19	20
25	26	27

7
```
       1  2  3  4  5
 7  8  9 10 11 12 13
14 15 16 17 18 19 20
21 22 23 24 25 26 27
28 29 30 31
```

9
```
 1  2  3  4  5  6  7
 8  9 10 11 12 13 14
15 16 17 18 19 20 21
22 23 24 25 26 27 28
29 30
```

(1일) (2일) (3일) (4일) (5일)
(6일) (7일) (8일) (9일) (10일)
(11일) (12일) (13일) (14일) (15일)

아이와 함께 그림책을 본 날

수	목	금	토
	1　　　음 7.1	2	3
7	8	9	10
14	15　광복절　음 7.15	16	17
21	22	23	24
28	29	30　　　음 8.1	31

(16일) (17일) (18일) (19일) (20일)
(21일) (22일) (23일) (24일) (25일)
(26일) (27일) (28일) (29일) (30일) (31일)

이 달에 내가 읽고 싶은 책

제목	지은이	체크

이 달에 아이와 읽고 싶은 책

제목	지은이	체크

이 달의 행사

날짜	행사명	장소	메모	체크
/				
/				
/				
/				
/				
/				

이 달에 나를 위해 하고 싶은 일

하고 싶은 일	메모	체크

이 달에 가족과 함께 하고 싶은 일

하고 싶은 일	메모	체크

사고 싶은 것

품명	가격	물품 정보	메모	체크
	₩			
	₩			
	₩			
	₩			
	₩			
	₩			

08

8						
			1	2	3	
4	5	6	7	8	9	10
11	12	13	14	15	16	17
18	19	20	21	22	23	24
25	26	27	28	29	30	31

9						
1	2	3	4	5	6	7
8	9	10	11	12	13	14
15	16	17	18	19	20	21
22	23	24	25	26	27	28
29	30					

4
일요일

5
월요일

6
화요일

7
수요일

8
목요일

9
금요일

10
토요일

이번 주에
아이와 함께 읽은 그림책

책 제목 :

별점 : 엄마, 아빠 ☆☆☆☆☆   아이 ☆☆☆☆☆

아이와 함께 나눈 이야기 :

책 제목 :

별점 : 엄마, 아빠 ☆☆☆☆☆   아이 ☆☆☆☆☆

아이와 함께 나눈 이야기 :

책 제목 :

별점 : 엄마, 아빠 ☆☆☆☆☆   아이 ☆☆☆☆☆

아이와 함께 나눈 이야기 :

8월 첫째 주

꽁꽁꽁
윤정주 지음 | 책읽는곰

4세 이상

차가운 먹거리는 아이들이 좋아하는 더위를 이기는 방법이다. 그저 차갑기만 한 것은 아니기 때문이다. 대개는 달짝지근하니 맛도 좋다. 맛이 없으면 시원해도 많이 먹지 못하고, 많이 먹지 못하면 충분히 시원해지기 어렵다. 더운 여름, 차갑기만 해도 좋은데 맛까지 좋다니. 아이들이 빠져들지 않을 수 없다.

윤정주 작가의『꽁꽁꽁』은 여름의 절정에 어울리는 그림책이다. 더운 여름을 이기기 위한 시원함과 방학의 지루함을 달래기 위한 달콤함. 두 가지를 함께 지닌 아이스크림 케이크가 주인공이니 더 이상 말이 필요 없다. 아이들은 이미 좋아할 준비를 마친 채 표지를 연다. 책에는 아이들이 좋아할 요소가 잔뜩 담겨 있다. 케이크를 꾸미는 재료 하나하나가 입맛을 다시게 한다. 요구르트와 딸기, 초코칩 쿠키와 카스텔라.

그림은 귀엽고 큼지막하게 그려낸 캐릭터 하나하나엔 재치가 가득하다. 요구르트 5형제는 사랑스런 귀염둥이들이고 파를 타고 올라갔다 신나게 다이빙하는 딸기는 아이들의 놀이 욕구를 자극한다. 냉장고 안의 음식이 다 생명을 갖고 움직이면서 소동을 벌인다는 발상이 재미의 중심에 있다. 자기처럼 작은 것들이 생명력을 갖고 독자적으로 움직이다니. 이건 꼭 해보고 싶은 소망이다. 아이들이 흥미를 느끼지 않을 수 없다. 아이들은 자신이 보지 못하는 곳 어딘가에서 엄청난 일이 벌어지고 있을 거라 여기는 특유의 사고방식이 있다. 이런 사고방식을 얼개로 삼았으니 아이들은 쉽게 빠져든다. 게다가 적당한 완급 조절. 예를 들어 아빠가 목이 말라 갑자기 냉장고 문을 연다. 그 순간 음식들은 모두 동작 그만. 하지만 아빠는 술에 취해 소동이 벌어지고 있는 것조차 모른다. 아이들은 안도의 한숨을 내쉰다. 이처럼 아이들이 즐겁게 소화할 수 있는 유쾌한 구성 역시 이 책의 매력이다.

물론 이 책이 마음에 안 드는 분도 있을 거다. 모든 사건이 아빠가 술을 마시고 왔기에 벌어진 일이기에. 그렇다 보니 훈훈한 결말이 술 마시는 아빠들에게 면죄부를 주는 것 아니냐고 항의하고 싶을 수 있다. 특히 아빠의 음주 문제로 괴로웠던 엄마라면 더욱 그럴 것이다. 거꾸로 여러 이유로 술자리를 가질 수밖에 없는 아빠들은 이 책을 좋아한다. 아이에게 그림책을 읽어주며 아빠가 비록 늦게 들어오지만 너희들을 사랑하는 마음만은 늘 한가지라고 말할 수 있으니까.

하지만 잊지 말아야 한다. 아이들은 일단 마지막에 멋진 아이스크림 케이크가 생기니 아빠의 행동을 좋게 여기는 것이다. 그러니 최소한 아이스크림 정도는 잊지 않고 사 올 정도의 정성이 필요하다. 게다가 현실에서는 음식물이 움직여 케이크를 완성하는 마법은 일어나지 않는다. 마법은 상상에서 일어날 뿐. 현실의 마법은 집에서 혼자 아이를 돌보는 엄마가 몸으로 해내는 것이다.

#아빠와 아이스크림 #냉장고 안에서 벌어지는 마법
#엄마의 반응은?

함께 읽어보면 좋은 책

『꿍꿍꿍』을 재미있게 읽었다면 윤정주 작가의 또 다른 이야기 『냠냠 빙수』도 추천한다. 이 이야기는 얼음과자를 소재로 한다. 역시 한바탕 소동이 벌어지는 이야기다. 윤정주 작가 특유의 쫄깃한 구성이 재미나다. 이번 책에서는 환경 문제도 함께 생각해 볼 수 있다. 물론 진지하게 접근하는 것은 아니다. 작가는 마지막까지 유머를 잊지 않는다. 더운 여름, 더위도 식히고, 즐거움과 재미 속에 환경 문제도 얘기해보고 싶다면 이 책도 추천한다.

08

8
				1	2	3
4	5	6	7	8	9	10
11	12	13	14	15	16	17
18	19	20	21	22	23	24
25	26	27	28	29	30	31

9
1	2	3	4	5	6	7
8	9	10	11	12	13	14
15	16	17	18	19	20	21
22	23	24	25	26	27	28
29	30					

11
일요일

12
월요일

13
화요일

14
수요일

15
목요일

16
금요일

17
토요일

이번 주에
아이와 함께 읽은 그림책

책 제목 :

별점 : 엄마, 아빠 ☆☆☆☆☆   아이 ☆☆☆☆☆

아이와 함께 나눈 이야기 :

책 제목 :

별점 : 엄마, 아빠 ☆☆☆☆☆   아이 ☆☆☆☆☆

아이와 함께 나눈 이야기 :

책 제목 :

별점 : 엄마, 아빠 ☆☆☆☆☆   아이 ☆☆☆☆☆

아이와 함께 나눈 이야기 :

8월 둘째 주

6세 이상

말라깽이 챔피언
레미 쿠르종 지음 | 씨드북

요즘은 딸이라고 대놓고 차별하는 부모는 보기 어렵다. 그래도 아이들은 늘 경험한다. '여자아이가 그래서야.' '얘는 좋아하는 놀이가 여자애들 같지 않은데.' 물론 남자아이도 마찬가지 경험을 한다. '사내 녀석이 되어 가지고.' '사내대장부답게 좀 행동해.' 다 옳지 않은 말이다. 아이의 영혼을 속박하고, 불필요하게 자유를 제한하는 말이다. 남자와 여자는 조금 다를 수 있다. 마찬가지로 남자들 사이에도, 여자들 사이에도 상당한 차이가 있다. 과학적 연구는 남녀 간의 차이보다 각각 성별 집단 사이의 차이가 훨씬 크다고 이야기한다.

실은 그런 말도 필요 없다. 사람은 다 나름의 개성을 갖고 있다. 남에게 피해를 주는 일이 아닌 한 개성에 대해 간섭할 자유는 누구에게도 없다. 자신의 본성에 맞게 살아야 행복하기 쉽다. 이래야만 한다는 틀에 자신을 맞추려 낭비하는 시간과 노력도 상당하지만 시간과 노력을 들여도 변하기 어려워 자신을 부족한 인간이라 생각하는 경우도 많다. 사람은 다 다를 수 있다. 있는 그대로 받아들여야 한다. 우리는 저기 높은 자리에 있는 사람이 그저 부품 하나로 취급하는 존재가 아니다. 부품이라면 통일성이 중요하다. 다르면 곤란하다. 그러나 더 이상 우리는, 우리 아이들은 부품이 아니다. 자기 자신으로서 살아내야 한다. 레미 쿠르종의 『말라깽이 챔피언』은 여자아이는 물론, 남자아이들에게도 빠짐없이 보여주고 싶은 책이다. 한 여자아이가 구박을 받는다. 오빠들은 힘이 약한 파블리나에게 모든 집안일을 떠맡긴다. 부당한 일이지만 저항할 수 없다. 일에 바쁜 부모도 파블리나의 편이 되어주지 못한다. 집안일은 원래 여자아이가 하는 것이라는 생각도 있을 것이다.

이런 억울한 상황에서 파블리나는 포기하지 않는다. 힘으로 나를 누른다면 나도 힘으로 맞서겠어. 권투를 배우며 파블리나는 오빠들을 이겨내기 시작한다. 피아노를 치기 좋아하던 말라깽이 여자아이는 이제 두꺼운 글러브를 끼고 체육관에서 산다. 파블리나는 피아노가 여자아이에게 어울리기에 좋아했던 것은 아니다. 조용한 방에서 피아노를 치는 순간은 평화를 주었고 사람들에게 아름다운 음악을 들려줄 때 행복했다. 하지만 파블리나는 지고 싶지 않아서 피아노 칠 때 중요한 손가락을 다쳐가며 글러브를 꼈다. 마음 아픈 장면이지만 많은 여성들이 이런 길을 걸어왔다. 나를 살리려 나를 포기해왔다.

드디어 시합을 하는 날이 왔다. 파블리나도 두려웠다. 하지만 파블리나를 괴롭혀왔던 오빠들, 무시했던 아빠가 힘이 되어준다. 가슴 뭉클한 응원의 글들. 파블리나는 힘을 내 링 위에 오른다. 그리고 승리한다. 이 책의 아름다움은 그다음 순간에 있다. 파블리나는 다시 피아노로 돌아온다. 왜냐하면 피아노가 진짜 좋아하는 것이니까. 자신을 자유롭게 하는 것이니까. 싸우지 않고 돌아왔다면 그 자유가 가볍게 보일지 모른다. 하지만 파블리나가 싸운 이유는 선입견에 맞서 자신을 인정받고 싶었기 때문이다. 자기가 자기로서 인정받고 살아갈 수 있다는 것. 쉽지 않다. 하지만 모두가 바라는 일이다. 당장은 어렵지만 우리가 가야 할 길이다.

#내가 되기 위한 용기 #내가 진짜 좋아하는 것
#여자가 아닌 나 #남자가 아닌 나

함께 읽어보면 좋은 책

젠더 문제를 다루는 그림책을 남성인 내가 추천하는 것은 한계가 있다. 관심 있는 분이라면 좀 더 찾아보는 편이 나을 거라 생각한다. 훨씬 더 좋은 리스트를 추천하실 분이 얼마든지 많다. 여기서는 그저 세 권의 그림책만 언급하고 넘어가려 한다. 다만 한 가지는 분명히 말하고 싶다.

젠더 문제를 다루는 그림책은 여자 아이만 좋아하는 책이 아니고 여자 아이에게만 필요한 책도 아니다. 이 책들은 차별과 편견에 대한 책이다. 아이들은 상대적으로 약한 존재다. 그래서 차별과 편견에 예민하고 속상해한다. 한편으로 아이들은 아직 자기중심적이다. 그래서 쉽게 편견을 갖고, 쉽게 차별을 저지른다. 아이와 함께 젠더 그림책을 읽는 것은 아이를 편견과 고정관념에서 자유롭게 하는 행위다. 약하고 작은 존재도 차별하지 않겠다는 부모의 결심을 보여주는 행위다. 아이는 이 순간 위로를 받고 안심한다. 그 위로가 아이를 가르침으로 이끈다.

『똥자루 굴러간다』(김윤정 지음)는 우리 전래동화를 기반으로 한 이야기다. 이야기의 주인공은 여성이지만 장군이다. 남녀차별이 심한 시대였지만 장군이 되어 나라를 지킨다. 책에는 이런 대목이 나온다. '장군감은 남자냐, 여자냐가 중요한 것이 아니다. 나라만 잘 지키면 된다.' 편견은 누구에게도 도움이 되지 않는다. 남자는 이런 일을 못해, 여자는 저런 일을 못해, 생각해서 누구에게 좋을까? 모두에게 손해가 될 뿐이다. 능력 있는 사람을 쓰지 못하니 손해고, 잠재력이 있는 사람이 성장하지 못하니 손해다. 개인에게도 짐이 되지만 공동체에도 부담이 된다. 왜 그런 편견을 계속 가져야 한단 말인가?

『종이 봉지 공주』는 가장 많이 거론되는 페미니즘 그림책이다. 로버트 먼치는 서양의 전형적인 왕자와 공주 이야기를 이 책에서 완전히 뒤집어놓는다. 먼치가 만들어낸 공주는 더 이상 수동적인 존재가 아니다. 스스로 싸워 왕자를 구하는 주도적인 인물이다. 하지만 무력한 왕자는 고마워할 줄조차 모른다. 자기를 위해 싸우다 옷이 다 망가진 공주에게 복장 타령만 할 뿐이다. 그러니 공주가 왕자에게 미련을 둘 필요가 있겠는가? 공주는 왕자를 버리고 떠난다. 돌아선 공주의 눈앞으로 태양이 떠오른다.

『산딸기 크림봉봉』(에밀리 젠킨스 글, 소피 블래콜 그림)은 자세히 봐야 보이는 그림책이다. '산딸기 크림봉봉'은 과거에도 있었고, 지금도 있는 맛난 과자다. 하지만 산딸기 크림봉봉을 둘러싼 우리의 삶은 예전과 다르다. 만드는 사람도 다르고, 즐기는 사람도 다르다. 집과 가구만 달라진 것이 아니다. 그 속에서 사는 사람들의 행동이 결정적으로 달라졌다. 우리 인류는 조금씩 진보해왔다. 여전히 부족하고, 여전히 억압이 존재하고, 여전히 편견 속에 있지만 꾸준히 발전해왔다. 힘없는 자들이 힘을 얻게 되었고, 억압적인 질서는 뒤로 물러나고 있다. 편견은 줄어들고 기회는 넓어지고 있다. 책은 여성의 삶이 과거에 비해 어떻게 달라지고 있는지 보여준다. 앞으로는 어떨까? 분명 더 달라질 것이다. 똑같은 인간이기에 똑같이 존중받는 사회로 나아갈 것이다.

08

8
			1	2	3
4	5	6	7	8	9	10
11	12	13	14	15	16	17
18	19	20	21	22	23	24
25	26	27	28	29	30	31

9
1	2	3	4	5	6	7
8	9	10	11	12	13	14
15	16	17	18	19	20	21
22	23	24	25	26	27	28
29	30					

18
일요일

19
월요일

20
화요일

21
수요일

22
목요일

23
금요일

24
토요일

이번 주에
아이와 함께 읽은 그림책

책 제목 :

별점 : 엄마, 아빠 ☆☆☆☆☆ 아이 ☆☆☆☆☆

아이와 함께 나눈 이야기 :

책 제목 :

별점 : 엄마, 아빠 ☆☆☆☆☆ 아이 ☆☆☆☆☆

아이와 함께 나눈 이야기 :

책 제목 :

별점 : 엄마, 아빠 ☆☆☆☆☆ 아이 ☆☆☆☆☆

아이와 함께 나눈 이야기 :

8월 셋째 주

 늑대가 나는 날
미로코 마치코 지음 | 한림출판사

 태풍이 온다
미야코시 아키코 지음 | 베틀북

해마다 이맘때면 태풍이 온다. 태풍은 무섭다. 엄청난 바람이 불고, 우산을 써도 막을 수 없게 비가 내린다. 천둥과 번개도 쉴 새 없이 내리친다. 직접 태풍을 경험하지 않더라도 뉴스에 살짝 비춰지는 장면만 봐도 겁이 난다. 간판이 떨어지고 가로수가 넘어진다니. 태풍이 불어올 때 아이와 읽기 좋은 그림책이 『늑대가 나는 날』이다.

이 그림책에 태풍이라는 말은 나오지 않는다. 하지만 바람이 거세게 부는 날 아이들은 궁금해한다. 왜 이렇게 바람이 세게 부는 거예요? 여기에 대해 열대성 저기압이라는 것이 있는데, 하며 설명을 해봐야 별 소용없다. 아이들은 자기가 이해할 수 있는 언어로 두려움을 넘어서고 싶다. 모르는 말이 나오면 더 불안하다. 미로코 마치코는 이렇게 말해준다. 바람이 센 이유는 늑대가 하늘을 날아다니고 있어서야. 천둥이 치는 이유는 뭐냐고? 멀리서 고릴라가 가슴을 치기 때문이지. 빗방울이 센 이유는 얼룩무늬 치타가 몰려오기 때문이고 밤의 어둠은 큰 고래가 끌고 오는 거란다.

원래 아이들의 세계에서 현실과 환상은 명확히 구별되지 않는다. 아이들은 현실 속에서 상상의 것을 경험하고, 상상 속에서 현실에 대한 해답을 찾는다. 아이에게 상상은 그저 놀이가 아니다. 불안을 견디고 세상을 살아가기 위해 꼭 필요한 수단이다. 설명할 수 없는 현실을 설명할 수 있어야 아이는 안심한다. 어른들이 듣기에는 어리석고 비논리적인 말일지 몰라도 아이에게는 절박하다. 가슴을 쓸어내려야 해야 할 일에 집중할 수 있다. 아직은 힘이 부족하기에 상상으로 자신을 부풀리고, 상상으로 현실을 길들여야 한다. 그래야 버티고, 그래야 자란다. 미야코시 아키코의 잔잔한 목탄화 그림이 매력적인『태풍이 온다』역시 마찬가지다. 주인공 아이는 태풍이 온다는 소식에 마음이 무겁다. 바다에 놀러가기로 한 약속은 물거품이 되었다. 해는 지고 창밖엔 비바람이 몰아친다. 그렇다고 지고 싶지 않다. 두려움에 물러서고 싶지 않다. 아이는 흔들리는 배에 우뚝 선 채 태풍에 맞서려 바다로 향하는 자신의 모습을 상상한다. 상상 속에서 아이는 불안을 넘어선다. 현실의 좌절과 비바람 몰아치는 밤을 견디고 맑은 아침을 맞이한다.

태풍을 다룬 그림책은 주로 일본에서 나왔다. 아무래도 태풍의 영향을 많이 받는 나라이기 때문이다. 거칠고 강렬한 그림이 가슴을 뛰게 하는 『늑대가 나는 날』도 좋고, 깊고 차분한 그림에 밝은 마무리가 마음을 환하게 하는『태풍이 온다』도 좋다. 거친 밤, 아이와 함께 그림책을 읽어보자. 밖에는 비바람이 몰아치고, 때로는 천둥도 쳐서 깜짝 놀랄 것이다. 하지만 곁에서 그림책을 함께 보는 부모가 있다면 아이는 더 이상 두렵지 않을 것이다.

#태풍 그림책 #현실과 환상 #태풍이 지나간 후에

08

8
			1	2	3
4	5	6	7	8	9	10
11	12	13	14	15	16	17
18	19	20	21	22	23	24
25	26	27	28	29	30	31

9
1	2	3	4	5	6	7
8	9	10	11	12	13	14
15	16	17	18	19	20	21
22	23	24	25	26	27	28
29	30					

25
일요일

26
월요일

27
화요일

28
수요일

29
목요일

30
금요일

31
토요일

이번 주에
아이와 함께 읽은 그림책

책 제목 :

별점 : 엄마, 아빠 ☆☆☆☆☆   아이 ☆☆☆☆☆

아이와 함께 나눈 이야기 :

책 제목 :

별점 : 엄마, 아빠 ☆☆☆☆☆   아이 ☆☆☆☆☆

아이와 함께 나눈 이야기 :

책 제목 :

별점 : 엄마, 아빠 ☆☆☆☆☆   아이 ☆☆☆☆☆

아이와 함께 나눈 이야기 :

8월 넷째 주

 나의 멍멍사우루스
애나 스타니셰프스키 글, 케빈 호크스 그림 | 웅진주니어

 하나 둘 셋 공룡
마이크 브라운로우 글, 사이먼 리커티 그림 | 비룡소

아이들은 공룡을 좋아한다. 공룡은 아이들의 소망을 상징한다. 거칠고 강한 녀석. 엄청난 크기. 아이들은 스스로가 작고 약하다는 것을 안다. 그래서 크고 싶다. 강해지고 싶다. 지금은 세상에서 감쪽같이 사라졌지만 모든 것을 이길 수 있던 존재. 아이들은 그런 공룡에 자신의 소망을 풀어 넣는다. '나는 약하지 않아. 약하다고 말하지 마. 나는 사실은 공룡이야. 다 물리칠 수 있다고. 조금만 기다려봐.'

네 살부터 일곱 살의 아이들에게 공룡 그림책은 가장 선호하는 책이다. 사실적으로 공룡을 다룬 책도 좋아한다. 온갖 종류의 공룡이 나와 있는 백과사전은 아이들이 보물처럼 생각한다. 그 이름들을 왜 다 외우고 있는지 부모는 의문이지만 인생에는 그런 순간이 있다. 『나의 멍멍사우루스』 역시 제목에서 알 수 있듯 공룡이 나오는 그림책이다. 여기서 공룡은 엉뚱하게도 주인공 벤의 반려동물이다. 황당한 이야기임에도 마치 현

실 속에서 일어나는 듯 보이는 것은 케빈 호크스의 그림 덕분이다. 투명한 수채 물감을 이용해 잔잔하게 그려낸 그림 덕분에 공룡이 걸어 다니는 거리 풍경이 마치 일상의 장면처럼 느껴진다. 아이들은 상상이 현실로 자연스럽게 들어오니 이야기에 흥미를 느낀다.

공룡이다 보니 크기가 보통 큰 것이 아니다. 힘도 세다. 먹을 것도 많이 먹고 주변 사람을 방해한다. 키우기가 쉽지 않다. 벤은 공룡 세이디가 사랑스럽지만 사람들은 왜 이런 녀석을 키우느냐고 잔소리를 한다. 벤이 세이디를 지킬 수 있을까? 책을 읽는 아이들은 자연스럽게 벤과 세이디를 응원한다. 이야기의 결말은 역시 해피엔드. 세이디는 큰 키와 빠른 발을 이용해 도둑을 잡고, 사람을 구한다. 말썽꾸러기는 그저 말썽꾸러기가 아니다. 그 힘과 에너지는 어딘가에 다 쓸모가 있다. 아이들이 어른들에게 꼭 하고 싶은 이야기다.

조금 어린 아이라면 『하나 둘 셋 공룡』도 괜찮다. 한마디로 귀여움이 폭발하는 책이다. 열 마리 아기 공룡의 모습과 표정은 보기만 해도 웃음이 나온다. 아이들도 재밌어한다. 보고 또 보려 한다. 화산이 폭발하고 물이 솟구친다. 다양한 공룡들이 아기 공룡들을 공격한다. 하나씩 형제들이 사라지고 이제 보라색 공룡만 홀로 남았다. 마지막 위기의 순간. 이것이 마지막인가? 하지만 그때 나타난 것은 엄마 공룡이다. 안심, 또 안심이다. 다양한 모험이 이어지고 마지막에는 따뜻한 마무리. 아이들이 선호하는 기본 구도다.

이 책을 보며 웃음이 나오는 이유는 하나 더 있다. 이 작은 책에 작가는 영리하게도 색깔 공부, 숫자 공부까지 집어넣었다. 유명한 공룡 이름은 다 등장한다. 평범한 부모가 그림책 한 권을 사주는 것이 쉽지 않다. 부담스럽다. 누군가는 지나치다 싶겠지만 나는 작가가 부모들의 처지를 이해하기에 가능한 일이라 생각한다. 그림책 작가 생활도 참 쉽지 않다.

#공룡 그림책 #내 반려동물은 공룡 #엄마는 반대다

09

일	월	화
1	2	3
8	9	10
15	16	17
22	23	24
29	음 9.1 30	

8
```
            1  2  3
 4  5  6  7  8  9 10
11 12 13 14 15 16 17
18 19 20 21 22 23 24
25 26 27 28 29 30 31
```

10
```
    1  2  3  4  5
 6  7  8  9 10 11 12
13 14 15 16 17 18 19
20 21 22 23 24 25 26
27 28 29 30 31
```

1일 2일 3일 4일 5일
6일 7일 8일 9일 10일
11일 12일 13일 14일 15일

아이와 함께 그림책을 본 날

수	목	금	토
4	5	6	7
11	12	13 추석　　음 8.15	14
18	19	20	21
25	26	27	28

- 16일
- 17일
- 18일
- 19일
- 20일
- 21일
- 22일
- 23일
- 24일
- 25일
- 26일
- 27일
- 28일
- 29일
- 30일

이 달에 내가 읽고 싶은 책

제목	지은이	체크

이 달에 아이와 읽고 싶은 책

제목	지은이	체크

이 달의 행사

날짜	행사명	장소	메모	체크
/				
/				
/				
/				
/				
/				

이 달에 나를 위해 하고 싶은 일

하고 싶은 일	메모	체크

이 달에 가족과 함께 하고 싶은 일

하고 싶은 일	메모	체크

사고 싶은 것

품명	가격	물품 정보	메모	체크
	₩			
	₩			
	₩			
	₩			
	₩			
	₩			

09

9						
1	2	3	4	5	6	7
8	9	10	11	12	13	14
15	16	17	18	19	20	21
22	23	24	25	26	27	28
29	30					

10						
		1	2	3	4	5
6	7	8	9	10	11	12
13	14	15	16	17	18	19
20	21	22	23	24	25	26
27	28	29	30	31		

1
일요일

2
월요일

3
화요일

4
수요일

5
목요일

6
금요일

7
토요일

이번 주에
아이와 함께 읽은 그림책

책 제목 :

별점 : 엄마, 아빠 ☆☆☆☆☆   아이 ☆☆☆☆☆

아이와 함께 나눈 이야기 :

책 제목 :

별점 : 엄마, 아빠 ☆☆☆☆☆   아이 ☆☆☆☆☆

아이와 함께 나눈 이야기 :

책 제목 :

별점 : 엄마, 아빠 ☆☆☆☆☆   아이 ☆☆☆☆☆

아이와 함께 나눈 이야기 :

9월 첫째 주

안녕, 달토끼야
문승연 지음 | 길벗어린이

4세 이상

추석을 대표하는 그림책은 이억배 작가의 『솔이의 추석 이야기』다. 초등학교 1학년 교과서에도 실린 이 책은 추석을 맞은 고향 마을의 풍경을 섬세하면서도 정겹게 묘사한다. 도시에 사는 솔이는 추석을 맞아 한바탕 전쟁을 치르며 할머니가 기다리는 시골로 향한다. 고향으로 향하는 시간은 힘들었지만 충분히 그럴 만한 가치가 있다. 풍성한 음식, 여기저기서 벌어지는 놀이, 보따리 가득 싸주시는 할머니의 마음까지 넉넉하고 따뜻하다. 도시의 삶은 힘들었지만 조금 더 힘을 낼 수 있을 것만 같다.

하지만 이제는 솔이처럼 시골 마을로 귀성하는 아이가 얼마 되지 않는다. 그러다 보니 책의 역할도 달라졌다. 출간할 때만 해도 지금 이 시대의 추석 이야기로 볼 수도 있었는데 이제는 지나간 시절의 전통을 보여주는 역할을 주로 하고 있다. 책에 그려진 장면도 다르게 받아들여진다. 여자 어른들은 쉴 새 없이 일을 하고, 주로 남자들만 제사와 놀이에 참여하는 모습. 분명 지난 시절 우리의 모습이었고 그 시절엔 당연하게 여겼던 생활상이다. 하지만 이제는 더 이상 좋게 보기 어렵다. 비판적으로 보게 된다. 그렇게 옛 시절은 가는 것이다.

김미혜 작가의 『분홍 토끼의 추석』은 달에 사는 분홍 토끼가 주인공이다. 이야기는 분홍 토끼가 실수로 절굿공이를 지상에 떨어뜨린다는 설정에서 시작한다. 책은 토끼의 움직임을 따라 추석과 관련된 중요한 민속 전통을 보여준다. 벌초와 성묘, 차례와 송편, 다양한 민속놀이를 보며 아이들은 추석이 어떤 명절인지 배우게 된다. 추석이 어떤 날인지 아는 것도 중요하기에 아이가 일곱 살쯤 되었다면 이런 책들도 의미가 있다. 다만 이런 책을 아이와 읽을 때는 예전의 추석과 지금의 추석, 다른 사람들의 추석과 우리 가족의 추석에 대해서 부모가 나눠서 설명해주어야 한다. 그래야 아이가 불필요한 결핍감을 갖지 않고 추석을 맞이할 수 있다.

아이가 어리다면 추석에 대한 설명을 이해하기가 어렵다. 한 해의 수확을 기뻐하는 날이라든가, 조상을 모시고 감사한다는 말 모두 아이의 두뇌로는 이해하기 어렵다. 그보다는 그저 달 이야기를 해보는 편이 낫다. 달, 그중에서도 보름달은 아이들이 좋아하는 원형적인 상징 중 하나라서 아이들도 쉽게 받아들인다. 달 그림책 중에서 문승연 작가의 『안녕, 달토끼야』는 특별히 추석을 맞아 유아들과 읽기 좋은 책이다.

달에 사는 토끼는 떡방아를 찧어 맛있는 떡을 만든다. 떡방아 소리를 들은 쥐가 자기도 껴달라고 부탁한다. 달토끼는 기꺼이 허락한다. 조금 뒤에는 뱀이 오고, 그 뒤에는 거북이와 곰이 온다. 모두 모두 환영이다. 아이들은 혼자 노는 것보다 친구와 함께 노는 것을 좋아한다. 하지만 함께 놀기란 쉽지 않다. 재미있게 놀고 싶었지만 놀다 보면 서로에게 방해가 된다. 서운한 마음, 분한 마음에 싸우기도 한다. 그래서일까 아이들은 사이좋게 놀이하는 이야기를 좋아한다. 자신에게 쉽지 않은 일을 그림책을 통해서라도 이루고 싶어 한다.

하늘에 사는 동물들이 하하호호 놀고 있으니 땅에 사는 훈이도 끼고 싶다. 딱 그림책을 보고 있을 아이들의 마음이다. "나도 떡 먹고 싶어." 달

토끼는 나무에 오르라고 한다. 훈이가 나무를 타고 앉자 나무는 쑥쑥 자라 달에 이른다. 친구들은 함께 놀고, 배 터지게 먹고, 같이 아름다운 별을 바라본다. 이제 헤어질 시간. 달토끼는 남은 떡을 하나하나 싸서 나눠준다. 그리고 이야기한다. 다음에 꼭 다시 보자고.

말할 필요 없이 따뜻하고 아름다운 이야기다. 많은 친척이 한자리에 모이지 않아도 괜찮다. 정겹게 맞아줄 시골이 없어도 좋다. 달이 있고, 같이 먹을 음식이 있고, 함께 즐거운 시간을 보낸다면 최고의 추석이다. 돌아오는 추석, 둥근 달처럼 넉넉하시길 마음을 담아 빌어본다.

#추석 그림책 #보름달 #떡방아
#쿵더쿵 쿵덕 #송편은 누가 만들지?

함께 읽어보면 좋은 책

달에 대해서 꼭 우리 그림책만 읽을 필요는 없다. 달이 나오는 서양의 그림책으로는 두 가지를 권하고 싶다. 우선 케빈 헹크스의 「달을 먹은 아기 고양이」. 말할 필요도 없이 귀여움 넘치는 그림책이다. 이 책에는 모험이 있고 따뜻한 사랑이 있다. 달은 모험과 동경의 대상이면서 한편으로 아이에게 안정감을 주는 이중적인 존재다. 아이는 하나의 존재에서 전혀 다른 두 가지 감정을 갖고 이 둘을 결합해 나간다. 아이들이 세상을 깊이 이해하는 방식이 이렇다.

다음으로 토미 웅거러의 「달 사람」. 토미 웅거러의 머릿속엔 이야기가 가득하다. 그의 상상력은 늘 감탄을 자아내는데 이 작품에선 달이 지구로 놀러온다. 지구의 사람들이 궁금하고 함께 놀고 싶어서다. 보통은 인간이 달로 모험을 떠나는데 정반대다. 그의 다른 책과 마찬가지로 이야기는 빠른 호흡으로 박진감 넘치게 진행되는데 읽고 나면 여운이 오래 남는다. 우리는 지금 무엇을 놓치고, 무엇을 잃으며 살아가고 있는가? 아이들은 물론 메시지에 집중하지 않는다. 달 모양이 달라지며 '달 사람'의 얼굴 모양도 변하는 것이 마냥 재밌다. 여기저기 배치된 유머 코드에 즐거워한다. 하지만 이 이야기는 쉽게 잊기 어렵다. 아이는 앞으로도 오랫동안 달을 보면 이 작품이 떠오를 것이다.

09

9
	1	2	3	4	5	6	7
8	9	10	11	12	13	14
15	16	17	18	19	20	21
22	23	24	25	26	27	28
29	30

10
		1	2	3	4	5
6	7	8	9	10	11	12
13	14	15	16	17	18	19
20	21	22	23	24	25	26
27	28	29	30	31

8
일요일

9
월요일

10
화요일

11
수요일

12
목요일

13
금요일

14
토요일

이번 주에
아이와 함께 읽은 그림책

책 제목 :

별점 : (엄마, 아빠) ☆☆☆☆☆　(아이) ☆☆☆☆☆

아이와 함께 나눈 이야기 :

책 제목 :

별점 : (엄마, 아빠) ☆☆☆☆☆　(아이) ☆☆☆☆☆

아이와 함께 나눈 이야기 :

책 제목 :

별점 : (엄마, 아빠) ☆☆☆☆☆　(아이) ☆☆☆☆☆

아이와 함께 나눈 이야기 :

9월 둘째 주

 김수한무 거북이와 두루미 삼천갑자 동방삭
소중애 글, 이승현 그림 | 비룡소

전래동화 읽히기가 부담스럽다는 부모가 많다. 어떤 동화는 지나치게 잔인하고, 어떤 동화는 양성평등이란 관점에서 볼 때 불편하다. 권선징악이나 기타 전래동화가 강조하는 가치들이 단조롭고 현실성이 없다는 비판도 있다. 무엇보다 지금 아이들이 살아가는 세계와의 연결성도 약해 보인다. 다른 좋은 책도 많은데 굳이 읽어줘야 할까? 많이들 궁금해한다.

하지만 아이들은 전래동화를 좋아한다. 읽어줘 보면 안다. 아이들의 눈이 금세 초롱초롱해진다. 오랜 세월을 통해 살아남은 이야기에는 무시 못 할 매력이 있다. 아이가 긴장하면서도 소화해낼 수준이 어딘지 이야기는 아슬아슬하게 잡아낸다. 위기로 몰아가면서도 해학과 엉뚱한 익살을 통해 긴장감을 풀어낸다. 탁월한 완급조절이다. 이야기에 담긴 강한 상징들 역시 매력이다. 아이들의 무의식 세계를 흔들어 자기도 모르게 이야기에 주목하게 만든다. 그리고 마침내 통쾌한 결말. 긴장을 쭉 풀어주는 결말에 아이들은 안도한다.

이런 완벽한 구조와 상징성이 전래동화가 힘을 갖는 이유다. 전래동화는 이야기의 원형이다. 아이에게 전래동화를 읽어줄 이유가 여기에 있다. 물론 무서워서 싫다는 아이도 있다. 실제로 지나치게 잔인한 이야기는 아이 특성을 고려해 피하는 것도 좋다. 아동이 당하는 장면을 날것으로 보여주는 책은 피해야 한다. 상징적으로만 처리하는 책이 좋다. 지금 이 시대 현실에 맞지 않는다면 굳이 옹호할 필요는 없다. 여성을 대상화하는 전래동화는 점차 사라질 것이다. 많은 이야기의 운명이 그랬다. 시대에 맞지 않으면 과거에도 이야기는 사라졌다.

어떤 전래동화부터 시작할까 고민하는 분들에게 나는 무조건 재미난 책을 먼저 권한다. 그중 반응이 최고인 이야기가 김수한무 이야기다. 이야기의 줄거리는 대부분 알 것이라 생각한다. 하지만 이 이야기의 매력은 실제로 리듬감을 갖고 부모가 '김수한무 거북이와 두루미 삼천갑자 동방삭'을 반복하는 데 있다. 아이들 대부분은 자지러진다. 웃다가 뒤로 넘어간다. 조심할 사람은 부모다. 한 번만 더 읽어달라는 말에 목이 쉴 수 있다.

소중애 선생님은 간결하면서도 읽는 맛이 탁월한 글쓰기의 명인이다. 이야기가 늘어지지 않아 읽어주기 좋다. 이승현 작가의 그림은 일단 보면 안다. 다양한 표정과 적절한 과장법이 웃음을 더한다. 이 작가는 얼굴을 그리기 위해 커피로 물들인 후 표백제로 조금씩 닦아가는 기법을 사용했다고 한다. 덕분에 그가 그린 얼굴 표정에는 질감이 있다. 화면 위로 튀어나올 것만 같다.

아이를 키울 때 웃음은 꼭 필요하다. 아이에게도 필요하지만 부모에게 더 필요하다. 아이의 웃음을 보고 있자면, 환하게 웃는 얼굴을 보고 있자면 행복해진다. 육아의 힘든 순간을 잊게 한다. 그래서 더욱 재미난 이야기가 필요하다. 오늘 아이와 힘들었다면 재미난 전래동화를 꺼내 오자. 신나게 읽어주며 마음껏 웃는 아이를 보자. 내일 또 아이를 사랑할 수 있는 힘이 조금씩 올라올 것이다.

#전래동화 고르는 법 #읽기 전에 물 한 잔 #잃어버린 배꼽 찾아요

함께 읽어보면 좋은 책

'비룡소 전래동화' 시리즈는 다 괜찮다. 비룡소는 이 시리즈에서 전형적인 방식의 그림보다는 새로운 시각적 시도를 추구한다. 최정인, 염혜원, 윤미숙, 오정택, 김세현 등 개성이 강한 작가들이 오랜 시간을 들여 정성껏 작품을 만들어냈다. 한 작품 한 작품 모두 아름답고 새롭다. 책의 만듦새 역시 훌륭한데 펼쳐 보면 정성이 많이 들어갔음을 누구나 느낄 수 있다. 시리즈의 최고 인기작은 역시 이영경 선생의 작품 『아씨방 일곱 동무』와 『신기한 그림족자』는 아이도, 부모도 좋아하는 책이다. 그 외에도 소중애 선생님의 글에 오정택 작가가 그림을 그린 『단물 고개』, 성석제 씨가 글을 쓴 『토끼와 자라』 역시 추천한다.

09

9
1	2	3	4	5	6	7
8	9	10	11	12	13	14
15	16	17	18	19	20	21
22	23	24	25	26	27	28
29	30					

10
		1	2	3	4	5
6	7	8	9	10	11	12
13	14	15	16	17	18	19
20	21	22	23	24	25	26
27	28	29	30	31		

15 일요일

16 월요일

17 화요일

18 수요일

19 목요일

20 금요일

21 토요일

이번 주에
아이와 함께 읽은 그림책

책 제목 :

별점 : 엄마, 아빠 ☆☆☆☆☆ 아이 ☆☆☆☆☆

아이와 함께 나눈 이야기 :

책 제목 :

별점 : 엄마, 아빠 ☆☆☆☆☆ 아이 ☆☆☆☆☆

아이와 함께 나눈 이야기 :

책 제목 :

별점 : 엄마, 아빠 ☆☆☆☆☆ 아이 ☆☆☆☆☆

아이와 함께 나눈 이야기 :

9월 셋째 주

4세 이상 **마법에 걸린 병**
고경숙 지음 | 재미마주

아이를 쉽게 웃도록 만드는 방법이 있다. 무언가를 재빠르게 숨기고는 "어디 있지?" 물어보면 된다. 아이는 호기심을 갖고 여기저기 둘러본다. 빠르게 눈이 움직이고 몸도 들썩인다. 그때 시간을 너무 끌지 않고 "여기 있지." 하고 보여주면 아이는 환하게 웃는다. 몇 번을 반복해도 몇 번이고 웃는다.

아이들은 왜 숨어 있는 것을 찾는 것을 즐길까? 우선 발견이 주는 기본적인 쾌감 때문이다. 놀랍게도 아이들은 꼬마 학습자다. 모르는 것을 알게 되었을 때, 할 수 없던 것을 하게 되었을 때 아이의 뇌는 쾌감을 느낀다. 이건 어른들도 마찬가지다. 남이 모르는 사실을 알게 되면 가슴이 두근거리고, 궁금했던 것이 풀리면 속이 시원하다.

다음으로 긴장과 이완의 반복을 통한 즐거움이 있다. 번갈아 숨기고 찾는 놀이를 해보자. 내가 숨기고 상대가 찾는 동안 우리의 긴장감은 높아진다. 혹시 찾지 않을까 가슴이 두근거린다. 상대가 성공하든, 실패하든 그 판이 끝나면 긴장이 풀어진다. 그리고 다시 이어지는 긴장의 시간. 이렇듯 긴장과 이완이 적당한 수준에서 반복하며 변주할 때 우리의 뇌는 쾌감을 느낀다.

볼로냐 라가치 수상작인 고경숙 작가의 『마법에 걸린 병』은 병 속에 숨겨진 것이 무엇인지 찾는 그림책이다. 겉보기에는 모두 평범한 병이다. 물비누병, 우유병, 향수병. 하지만 그 병에는 마법사가 장난을 쳐두었다. 물비누병 안에는 하마가 있고 우유병에는 코끼리가, 향수병에는 코알라가 있다. 웅크리고 있어서 알 수 없지만 병뚜껑을 열면 튀어나온다. 작가는 플랩북 형식을 사용하여 병 뒤에 동물들을 숨겨두었다. 아이들이 병 그림을 들추면 동물을 발견하는 방식이다. 그야말로 찾기 그림책, 발견하는 그림책이다.

작가는 들춰서 발견하기 직전 복선을 깔아둔다. 복선을 깐 덕분에 병 그림을 들추는 아이의 긴장감은 더 높아진다. 그리고 보이는 동물들의 웅크린 모습들. 병 모양 그대로 웅크리고 있다. 커다란 동물이 이렇게 작은 병에 들어가 있다니 말도 안 돼! 한마디로 비합리적 설정이다. 아이는 그 덕분에 더욱 즐거워한다. 말도 안 되는 이야기는 우스꽝스럽고, 그래서 웃다 보면 긴장은 더 풀어진다. 긴장의 낙차를 크게 만들어 즐거움을 유도하는 방법이다. 게다가 다음 장에는 튀어나온 동물들로 인해 벌어지는 난처한 상황이 이어진다. 아이의 웃음도 이어진다.

이런 그림책은 한 번 읽고 멈출 수 없다. 다 읽고 나면 아이는 다시 처음으로 돌아간다. 그리고 열고 또 열어본다. 그림책 바깥으로 이야기를 넓혀봐도 좋다. 짐짓 진지한 표정을 지으며 우리 집의 병에도 마법이 걸려 있다고, 저기 보이는 저 병에는 무엇이 들어 있을까 아이에게 물어본다. 아이의 상상력을 현실로 가져와 확장해보는 것이다. 물론 대답은 엉뚱해도 좋다. 아무말대잔치 속에 웃음이 함께한다면 그것으로 족하다. 오늘도 참 즐거운 그림책 읽기 시간이었다.

#숨바꼭질 #까꿍놀이# 보고 또 보고 #무한반복 #나 찾아 봐라

함께 읽어보면 좋은 책

최숙희 작가의 『누구 그림자일까?』는 조금 어린 아이에게 어울린다. 어린 유아에게 플랩북은 위험하다. 힘 조절을 못하니 금세 망가질 수 있다. 그림자를 보고 누구의 그림자인지 맞추는 이야기는 아이들의 흥미를 잡아끈다. 그림자의 주인이 예상과는 다른 엉뚱한 것이란 사실이 아이들을 더욱 즐겁게 한다.

09

9
1	2	3	4	5	6	7
8	9	10	11	12	13	14
15	16	17	18	19	20	21
22	23	24	25	26	27	28
29	30					

10
		1	2	3	4	5
6	7	8	9	10	11	12
13	14	15	16	17	18	19
20	21	22	23	24	25	26
27	28	29	30	31		

22 일요일

23 월요일

24 화요일

25 수요일

26 목요일

27 금요일

28 토요일

이번 주에
아이와 함께 읽은 그림책

책 제목 :

별점 : 엄마, 아빠 ☆☆☆☆☆ 아이 ☆☆☆☆☆

아이와 함께 나눈 이야기 :

책 제목 :

별점 : 엄마, 아빠 ☆☆☆☆☆ 아이 ☆☆☆☆☆

아이와 함께 나눈 이야기 :

책 제목 :

별점 : 엄마, 아빠 ☆☆☆☆☆ 아이 ☆☆☆☆☆

아이와 함께 나눈 이야기 :

9월 넷째 주

4세 이상 **나는 용감한 잭 임금님**
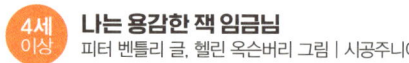
피터 벤틀리 글, 헬린 옥슨버리 그림 | 시공주니어

아이들에게 놀이는 삶 그 자체다. 마땅히 할 일이 없으니 노는 거겠지 생각하면 오산이다. 그 시기에는 반드시 놀아야 하고, 놀지 않으면 아이는 성장하기 어렵다. 아이들의 놀이를 가만히 지켜보면 안다. 아이들은 놀이 속에서 자신이 마주치고 있는 심리적 과제에 도전하고 나름의 답을 찾아 나선다. 다른 사람과 관계를 맺고 무언가를 함께 해내는 방법을 배운다.

예를 들어 소꿉놀이는 아이가 부모와의 관계에서 받는 심리적 스트레스를 해소하는 놀이인 경우가 많다. 아이는 놀이를 통해 자신과 부모 사이의 불일치에 대해 조화를 꾀한다. 하고 싶었지만 못했던 말을 해보기도 하고 입장을 바꿔서 부모의 생각에 따라가기도 한다. 아이들은 유치원 놀이도 많이 하는데, 들여다보면 그 역시 유치원에서 벌어지는 사건과 상황에 대한 아이 나름의 자기 치유 및 학습 과정인 경우가 많다.

부모들은 아이가 누군가와 대결하는 놀이를 즐기면 싫어하는 경우가 많다. 하지만 작고 약한 존재인 아이들에게 세상은 두려움 그 자체다. 아이들은 두려움을 놀이 속에서 상상을 통해 이겨내기 위해 싸움 놀이를 즐긴다. 놀이에는 괴물이 흔히 나오는데 아이는 놀이에서만큼은 괴물에 굴복하지 않는다. 가끔은 스스로 더 강한 괴물이 되어 괴물을 물리치기도 한다. 현실에서는 늘 지는 존재이고 누군가에게 의지하지만 놀이에서는 지지 않는다. 도움을 요청하지도 않는다. 스스로 상황을 해결하고, 방법을 찾아 돌파한다. 그렇게 아이들은 좌절감을 견뎌내고 스스로를 추슬러 세상과 맞서는 방법을 연습한다.

『나는 용감한 잭 임금님』은 아이들의 놀이를 다룬 책이다. 이제 네 돌이나 되었을까 싶은 꼬마 잭은 놀이에서만큼은 용감한 왕이다. 친구 자크와 동생 캐스퍼는 씩씩한 기사다. 잭은 친구들과 힘을 합쳐 성을 쌓고 용을 물리친다. 괴물도 몰아내고 승리의 잔치를 즐긴다. 그렇게 즐거운 시간을 보냈지만 놀이에는 끝이 있다. 아이들은 부모에게 하나씩 끌려간다. 잭은 가고 싶지 않다. 밤은 어두워지지만 혼자서라도 씩씩하게 성을 지키리라 마음먹는다.

하지만 캄캄한 밤 아무도 보이지 않는 숲은 무섭다. 들짐승들의 소리에 기분이 오싹하다. 저 멀리에선 거대한 거인의 발자국 소리가 다가온다. 종이 상자로 만든 성은 바람에 무너지고 위기일발의 상황. 잭 역시 성이고, 용감한 왕이고, 놀이고 다 포기하고 싶다. 그때 잭 앞에 다가온 거인. 실은 잭을 찾아 나선 부모였다. 부모는 잭을 안아주며 따뜻한 말을 건넨다. "온종일 용들과 싸웠으니 이제 깨끗이 씻으러 갈까요, 용감한 임금님?" 부모가 마음을 알아주면 아이는 용기를 잃지 않는다. 잭도 호기롭게 외친다. "네발 달린 용 따위 무섭지 않아!" 그렇게 힘을 키워 언젠가는 진짜 세상과도 씩씩하게 맞설 것이다.

#놀이가 삶 #소꿉놀이 #싸움 놀이 #마지막은 엄마 품

함께 읽어보면 좋은 책

헬린 옥슨버리의 그림은 부드럽고 따뜻하다. 그가 그려낸 그림책 속의 세상은 사랑이 가득하다. 모험도 나오고 괴물들도 나오지만 무섭지 않다. 그저 귀엽고 재밌다. 미소가 지어진다. 불안이 많은 아이라도 그의 그림책은 겁먹지 않고 즐겁게 볼 수 있다. 가장 널리 알려진 **『곰 사냥을 떠나자』**는 물론 **『콩글왕글의 모자』 『아빠가 용을 사 왔어요』 『아기 늑대 세 마리와 못된 돼지』 『옛날에 오리 한 마리가 살았는데』** 모두 아이들이 무척 좋아하는 책이다. 그의 책에는 모험도 있고, 유머도 있고, 따뜻한 사랑도 있다. 그러니 아이들은 쉽게 빠져들 수밖에 없다. 재밌어하고 편안해한다. 그의 그림책을 읽어줄 때 그저 읽어주기에 머물지 않았으면 싶다. 부모도 함께 상상 속으로 들어가면 어떨까? 그림책에서 시작해 놀이로 이어지는 행복한 시간을 만들면 어떨까? 아이에게 용기를 주고, 자존감을 키워주고 싶다면 그만한 방법 이상은 없다.

10

일	월	화
		1
6	7	8
13 음 9.15	14	15
20	21	22
27	28 음 10.1	29

9
1	2	3	4	5	6	7
8	9	10	11	12	13	14
15	16	17	18	19	20	21
22	23	24	25	26	27	28
29	30					

11
					1	2
3	4	5	6	7	8	9
10	11	12	13	14	15	16
17	18	19	20	21	22	23
24	25	26	27	28	29	30

아이와 함께 그림책을 본 날

수	목	금	토
2	3 개천절	4	5
9 한글날	10	11	12
16	17	18	19
23	24	25	26
30	31		

(16일) (17일) (18일) (19일) (20일)

(21일) (22일) (23일) (24일) (25일)

(26일) (27일) (28일) (29일) (30일) (31일)

이 달에 내가 읽고 싶은 책

제목	지은이	체크

이 달에 아이와 읽고 싶은 책

제목	지은이	체크

이 달의 행사

날짜	행사명	장소	메모	체크
/				
/				
/				
/				
/				
/				

이 달에 나를 위해 하고 싶은 일

하고 싶은 일	메모	체크

이 달에 가족과 함께 하고 싶은 일

하고 싶은 일	메모	체크

사고 싶은 것

품명	가격	물품 정보	메모	체크
	₩			
	₩			
	₩			
	₩			
	₩			
	₩			

10

9
1	2	3	4	5	6	7
8	9	10	11	12	13	14
15	16	17	18	19	20	21
22	23	24	25	26	27	28
29	30					

10
		1	2	3	4	5
6	7	8	9	10	11	12
13	14	15	16	17	18	19
20	21	22	23	24	25	26
27	28	29	30	31		

9/29
일요일

9/30
월요일

1
화요일

2
수요일

3
목요일

4
금요일

5
토요일

이번 주에
아이와 함께 읽은 그림책

책 제목 :

별점 : 엄마, 아빠 ☆☆☆☆☆   아이 ☆☆☆☆☆

아이와 함께 나눈 이야기 :

책 제목 :

별점 : 엄마, 아빠 ☆☆☆☆☆   아이 ☆☆☆☆☆

아이와 함께 나눈 이야기 :

책 제목 :

별점 : 엄마, 아빠 ☆☆☆☆☆   아이 ☆☆☆☆☆

아이와 함께 나눈 이야기 :

10월 첫째 주

커다란 방귀
강경수 지음 | 시공주니어

4세 이상

방귀와 똥 이야기는 무조건 반쯤 먹고 들어간다. 아이들은 방귀, 똥, 코딱지라면 바로 웃을 준비가 되어 있다. 아이의 기분이 처져 있거나 지루해한다면 일발 장전해도 좋다. 다만 너무 자주 해선 곤란한데, 아이가 유치원이나 학교에 가서 그 이야기를 계속해댈 수 있기 때문이다. 친구들도 물론 아이의 이야기에 웃음을 터뜨릴 것이다. 하지만 뒤에 가서 수군댈 수 있다. '에이, 쟤는 좀 지저분해.'

똥, 방귀 이야기에 대한 아이들의 높은 선호도를 고려해볼 때 이를 다룬 그림책이 적은 것은 의외의 일이다. 아마도 웃음을 유발하는 방법치고는 가장 낮은 수준이라 피하는 것이 아닌가 싶다. 마치 간지럼 태우기를 자제해야 하는 것과 비슷하다. 간지럼 태우기는 아이의 즉각적인 웃음을 끌어내는 데 매우 효과적이다. 하지만 반복하면 식상하고 아이도 짜증을 낸다. 즐겁게 놀아주는 방법은 엄청나게 다양한데 늘 간지럼만 태우려 든다면 게으른 부모가 아닐 수 없다.

강경수 작가의 『커다란 방귀』는 제목 그대로의 이야기다. 커다란 코끼리의 속이 부글부글하다. 방귀 따위는 뀌지 않는 소문난 신사인데 오늘은 참기가 어렵다. 참고 참다 방귀를 뀌고 마는데, 어찌나 방귀가 센지 초원에 살던 동물들이 죄다 날아간다. 개미와 다람쥐가 날아가고, 개코원숭이와 개미핥기는 물론 사자와 코뿔소까지 날아간다.

동물들이 날아가는 장면은 반복과 변주 구조다. 무거운 동물 하나는 멈추고 가벼운 동물은 계속 날아간다. 아무 것도 아닌데 여러 번 반복하니 어른들에겐 시시하지만 아이들은 이런 구성을 좋아한다. 새로운 얘기가 계속 나오는 것보다 작은 부분만 바꾸며 반복하는 편이 아무래도 아이들에겐 소화하기가 쉽다. 게다가 아이들은 비슷한 것 가운데 작은 차이를 발견하는 것을 무척이나 즐긴다.

이야기는 이내 처음과 끝이 이어진다. 가장 가볍기에 가장 멀리 날아간 개미는 엉뚱하게도 코끼리의 코로 들어가고 만다. 코끼리의 코가 간질간질. 코끼리는 그 긴 코로 재채기를 하고 이제 동물들은 다시 앞으로 날아간다. 뻔한 내용이지만 아이들은 즐거워한다. 게다가 작가의 그림 솜씨가 만만치 않다. 그림 하나하나에 유머가 가득하다. 특히 코끼리 아저씨의 재채기 장면은 그림책을 펼치면 재채기 동작이 이어지는 방식인데 아이들은 책장을 넘겼다 덮었다 반복하며 신나 한다.

그래, 그러면 충분하다. 그림책에 늘 대단한 의미를 담을 필요는 없다. 신나게 즐길 수 있다면, 아이와 함께 웃을 수 있다면 그것만으로도 충분히 좋은 그림책이다. 시월은 해가 짧아져 기분이 처질 수 있다. 이번 주는 한번 재미난 것을 실컷 즐겨보자. 신나는 한 주일로 만들어보자.

#방귀 그림책 #똥 그림책 #웃음 폭탄 #반복과 변주

함께 읽어보면 좋은 책

방귀를 다루는 그림책으로는 전래동화인 『방귀쟁이 며느리』(신세정 지음)가 유명하다. 과장된 이야기로 재미는 충분하지만 옛 이야기답게 성 역할에 대한 편견을 담고 있어 조금 불편할 수 있다. 초등학교에 간 아이라면 후쿠다 이와오의 『방귀 만세』를 권한다. 재미도 있지만 사회적 상황에서 방귀를 어떻게 바라봐야 할지 아이의 생각을 키울 수 있다. 똥을 다루는 그림책도 의외로 지식 그림책이나 배변 습관을 교육하는 책이 대부분이다. 재미난 책으로는 『누가 내 머리에 똥 쌌어?』(베르너 홀츠바르트 글, 볼프 예를브루흐 그림)와 전래동화인 『똥벼락』(김회경 글, 조혜란 그림)이 있다. 『똥벼락』에는 온갖 똥 이름이 나열되는데 짐작하겠지만 이 부분이 아이들의 웃음 포인트다.

10

10
	1	2	3	4	5
6	7	8	9	10	11	12
13	14	15	16	17	18	19
20	21	22	23	24	25	26
27	28	29	30	31		

11
					1	2
3	4	5	6	7	8	9
10	11	12	13	14	15	16
17	18	19	20	21	22	23
24	25	26	27	28	29	30

6
일요일

7
월요일

8
화요일

9
수요일

10
목요일

11
금요일

12
토요일

이번 주에 아이와 함께 읽은 그림책

책 제목 :

별점 : 엄마, 아빠 ☆☆☆☆☆　아이 ☆☆☆☆☆

아이와 함께 나눈 이야기 :

책 제목 :

별점 : 엄마, 아빠 ☆☆☆☆☆　아이 ☆☆☆☆☆

아이와 함께 나눈 이야기 :

책 제목 :

별점 : 엄마, 아빠 ☆☆☆☆☆　아이 ☆☆☆☆☆

아이와 함께 나눈 이야기 :

10월 둘째 주

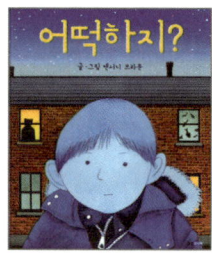

6세 이상 어떡하지?
앤서니 브라운 지음 | 웅진주니어

두려움을 느끼는 아이를 보면 부모는 답답하다. 뭐가 이렇게 걱정이 많을까? 어떻게 하면 자신감을 가질 수 있을까? 재미나게도 아이도 같은 생각을 한다. 아이 역시 걱정이 많은 자신이 싫다. 씩씩해지고 싶고 자신감이 넘치길 바란다. 다만 어떻게 해야 그럴 수 있을지 모를 뿐이다.

불안이나 두려움을 느껴본 사람은 안다. 두려움은 현실적이다. 그런 일은 일어나지 않을 것이라 말하지만 일이 일어나든 그렇지 않든 이미 긴장은 시작된다. 가슴은 뛰고 숨쉬기는 답답해지며 머릿속은 걱정으로 가득 찬다. 두려움이 몸과 마음을 모두 지배해버렸는데 걱정하지 말라는 말이 먹힐 까닭이 없다. 위로와 안심은 멀고 희미하지만 두려움은 가까이에 선명하게 존재한다.

아이가 두려움을 넘어설 수 있는 방법은 한 가지뿐이다. 두렵지만 버텨내서 걱정했던 일이 현실이 아님을 느껴야 한다. 자신은 생각보다 강하고 걱정한 일은 생각보다 작다. 이런 사실을 깨닫는 순간 두려움은 저절로 사라진다. 문제는 깨달음의 순간까지 버티기가 쉽지 않다는 점. 그때 부모의 역할이 있다. 아이 곁에서, 아이를 비웃지 않고, 그렇다고 같이 겁먹지도 않고 담담하게 견뎌줄 때 아이는 작은 용기를 낸다. 무엇보다 아이 역시 두려움을 이겨내고 싶기에 부모의 손을 잡고 떨리는 한 발을 앞으로 내딛는다.

앤서니 브라운의 『어떡하지?』는 걱정이 많은 주인공 조가 친구 톰의 생일 파티에 가는 이야기다. 조는 초대장을 잃어버려 톰의 주소를 알지 못한다. 어쩌면 파티에 가는 것이 두려워 일부러 없앴을지도 모른다. 엄마는 조에게 가까운 곳이니 함께 찾아보자고 한다. 조는 걱정이 많다. 못된 애들이 있을까 봐 걱정하고 사람이 지나치게 많을까 봐 염려한다. 자신이 싫어하는 음식만 나오거나 무시무시한 놀이를 할까 봐 불안해한다. 불안은 사방으로 이유를 펼친다.

하지만 엄마는 담담하게 조를 격려한다. 마침내 톰의 집을 찾아 조를 배웅한다. 실은 엄마라고 걱정이 없는 것은 아니다. 다만 조에게 내색하지 않을 뿐. 조가 톰의 집으로 들어가자 이제 엄마의 걱정이 시작된다.

약속한 2시간이 지나고 마침내 생일 파티를 마치고 나온 조. 신나게 놀았는지 조는 엄마에게 자신도 생일 파티를 열어달라고 이야기한다. 작은 성공을 통해 조는 이제 막 두려움을 넘어선 것이다. 우리 아이들에게도 그런 순간이 필요하다. 불안을 이겨내고 한 뼘 더 자라는 시간이 필요하다. 그 시간을 위해 아이의 손을 잡고 견디고 격려해줄 부모가 필요하다.

#두려움을 넘어서는 방법 #작은 용기 #앤서니 브라운

함께 읽어보면 좋은 책

앤서니 브라운은 불안한 아이들의 친구다. 케이트 그린어웨이 메달 수상작인 『고릴라』, 『동물원』이 대표작이지만 그의 작업에는 불안이 많은 아이들을 위한 작품이 많다. 동생이 태어나는 것에 대한 불안을 그린 『달라질 거야』, 부모의 다툼에 대한 두려움을 그려낸 『숲 속으로』, 온갖 사소한 것에 대해서도 걱정을 하는 아이를 위한 『겁쟁이 빌리』, 친구를 사귀는 것이 두려운 아이를 위한 『잘 가, 나의 비밀친구』, 왜소하고 소심한 아이의 도전을 그린 『축구 선수 윌리』 등이 모두 불안이 높은 아이를 위한 작품이다.

그는 정말 아이들의 친구다. 아이들이 살아가는 현실과 아이들이 느끼는 어려움에 관심이 많다. 섬세하게 아이들의 삶을 들여다보며 괴로워하는 아이들에게 손을 내민다. 때로는 따뜻하게 안아주고 때로는 웃음과 즐거움을 준다. 부자 친구를 부러워하는 아이의 마음을 그린 『너도 갖고 싶니?』, 힘센 아이 때문에 고통 받는 아이를 그린 『윌리와 악당 벌렁코』까지 그는 늘 힘든 아이의 편에 서서 아이들과 함께 한다.

10

10
일	월	화	수	목	금	토
		1	2	3	4	5
6	7	8	9	10	11	12
13	**14**	**15**	**16**	**17**	**18**	**19**
20	21	22	23	24	25	26
27	28	29	30	31		

11
일	월	화	수	목	금	토
					1	2
3	4	5	6	7	8	9
10	11	12	13	14	15	16
17	18	19	20	21	22	23
24	25	26	27	28	29	30

13 일요일

14 월요일

15 화요일

16 수요일

17 목요일

18 금요일

19 토요일

이번 주에
아이와 함께 읽은 그림책

책 제목 :

별점 : 엄마, 아빠 ☆☆☆☆☆　아이 ☆☆☆☆☆

아이와 함께 나눈 이야기 :

책 제목 :

별점 : 엄마, 아빠 ☆☆☆☆☆　아이 ☆☆☆☆☆

아이와 함께 나눈 이야기 :

책 제목 :

별점 : 엄마, 아빠 ☆☆☆☆☆　아이 ☆☆☆☆☆

아이와 함께 나눈 이야기 :

10월 셋째 주

6세 이상 **이 사슴은 내 거야!**
올리버 제퍼스 지음 | 주니어김영사

아이들에겐 특유의 소유욕이 있다. 좋은 것이 있으면 가지려 들고 내 것이라고 우긴다. 함께 갖고 놀면 될 텐데 만족하지 못한다. 자아 개념이 막 생긴 아이들은 소유욕이 커지고 다른 사람의 입장을 고려하지 못한다. 세 돌 무렵까지라면 흔한 일이다. 물론 조금 자란다고 금세 나아지지 않는다. 자신감이 부족한 아이들은 자신의 것인지 아닌지에 여전히 집착한다.

올리버 제퍼스의 『이 사슴은 내 거야!』는 소유 여부에 집착하는 아이에게 읽어주기 좋다. 주인공 지오는 어느 날 자신에게 다가온 사슴에게 이름을 붙인다. 너는 내 사슴이고 내 말을 들어야 한다고 이야기한다. 물론 사슴은 그런 지오의 말에 관심이 없다. 자신이 원하면 움직이고 자신이 싫으면 지오가 뭐라 하든 꼼짝하지 않는다. 지오는 답답하지만 꾹 참고 사슴을 좋은 애완동물로 만들려고 노력한다.

그런데 문제가 생긴다. 할머니 한 분이 사슴을 보더니 자기 사슴이라며 반가워한다. 지오는 이 사슴은 내 거라고 말하지만 증명할 방법이 없다. 사슴은 지오의 명령을 듣지 않는다. 오히려 할머니가 주는 사과를 받아

먹는다. 배신감을 느낀 지오는 화가 난 채 집으로 돌아가다 사고가 난다. 궁지에 빠진다. 그리고 위기의 순간, 사슴이 돌아와 지오를 돕는다. 사실 사슴은 지오를 구하러 돌아온 것이 아니다. 지오가 떨어뜨린 사과를 먹으러 왔을 뿐이다. 지오는 깨닫는다. 자신이 한 번도 사슴의 주인인 적이 없었다는 사실을. 이제 지오는 불필요한 욕심은 부리지 않는다. 욕심이 자신을 힘들게 했음을 알게 된 것이다.

아이들이 이 책을 이해하기엔 시간이 필요하다. 이제 막 소유욕이 생기기 시작한 아이라면 도움이 안 된다. 그런 아이에겐 소유욕을 인정해주는 편이 좋다. 아이의 물건에 대해 확실히 아이 것이라고 인정해주고 무리하게 욕심 부릴 상황은 미리 피해야 한다. 소유로 인한 갈등이 심해질수록 소유욕은 커진다. 이 책은 세 돌이 지나 기관을 다니기 시작하며 소유 문제로 어려움을 겪는 아이에게 가장 도움이 된다. 내 것이 아닌 것을 가지려 들면 힘들어진다. 물건도 그렇고 사람도 그렇다. 물건에 집착하면 즐겁게 놀 시간이 사라진다. 좋아하는 친구가 오직 나와만 놀아야 한다고 생각하면 친구를 잃기 쉽다.

아이가 좀 컸다면 이 책을 보며 환경 문제를 이야기할 수도 있겠다. 우리는 자연을 잠시 빌려 쓸 뿐이다. 자연의 주인이 아니다. 주인도 아니면서 주인인 척하면 궁지에 몰릴 수 있다. 아이들이 이해하기란 쉽지 않지만 우리는 늘 말해줘야 한다. "세상의 주인은 네가 아니란다. 우리는 세상의 일부이고, 각자는 자기 자신이 가장 소중한 거야. 행복하려면 자기 맘대로만 하려 해선 곤란해. 서로를 인정하고 배려해야 우리는 행복할 수 있단다."

#소유욕이 강한 아이 #내 거야! #환경 그림책

10

10
		1	2	3	4	5
6	7	8	9	10	11	12
13	14	15	16	17	18	19
20	**21**	**22**	**23**	**24**	**25**	**26**
27	28	29	30	31		

11
					1	2
3	4	5	6	7	8	9
10	11	12	13	14	15	16
17	18	19	20	21	22	23
24	25	26	27	28	29	30

20
일요일

21
월요일

22
화요일

23
수요일

24
목요일

25
금요일

26
토요일

이번 주에
아이와 함께 읽은 그림책

책 제목 :

별점 : 엄마, 아빠 ☆☆☆☆☆   아이 ☆☆☆☆☆

아이와 함께 나눈 이야기 :

책 제목 :

별점 : 엄마, 아빠 ☆☆☆☆☆   아이 ☆☆☆☆☆

아이와 함께 나눈 이야기 :

책 제목 :

별점 : 엄마, 아빠 ☆☆☆☆☆   아이 ☆☆☆☆☆

아이와 함께 나눈 이야기 :

10월 넷째 주

5세 이상 **알사탕**
백희나 지음 | 책읽는곰

요즘 아이들은 외롭다. 물론 매일 아이 곁에서 조금이라도 더 많이 사랑을 나누려는 부모라면 의아하리라. 하지만 사실이 그렇다. 외로운 아이들이 늘어났고 너무 이른 시기부터 아이들은 홀로 성장하고 있다. 가족은 줄어들었는데 그나마 보기 어렵다. 부모의 일터는 집에서 멀어졌고 업무 시간은 길다. 맞벌이는 표준적인 삶의 모습이 되었다. 아이들은 이곳저곳을 다니다 저녁에야 부모를 만난다.

더 결정적인 것은 골목의 실종이다. 밖에 나가도 아이는 친구를 만나기 어렵다. 해가 질 때까지 왁자지껄 어울리던 공간은 사라졌다. 학원에나 가야지 친구를 볼 수 있다. 이웃, 또는 동네 사람이란 말도 의미를 잃어 문밖을 나서면 믿고 기댈 사람은 없다. 많은 아이들이 하루를 혼자 보낸다. 혼자서 놀고, 혼자서 생각하고, 혼자서 살아낸다. 그나마 스마트폰과 컴퓨터가 친구가 되어주고 사람들과 연결해준다.

외로움은 객관적 현실에서만 오는 것이 아니다. 서로에게 할 말을 하지 못하고, 마음을 전달하지 못하니 더 외로워진다. 『알사탕』의 주인공 동동이도 외로운 아이다. 동동이는 하루 종일 혼자 지낸다. 구슬이라는 개와 같이 다니지만 구슬이조차 자신을 싫어하는 것 같다. 저녁에나 들어오는 아빠는 늘 잔소리만 한다. 돌아가셔서 이제는 만날 수 없는 할머니 생각이 간절하다.

백희나 작가는 항상 현실 공간에 살짝 틈을 내어 마법 같은 상상을 덧붙인다. 아침식사도 못하고 회사로 달려간 아빠를 위해 아이들은 '구름빵'을 먹고 하늘을 날아간다. 엄마를 따라간 대중목욕탕인 '장수탕'에서 주인공 덕지는 선녀님을 만난다. 허술하고 바쁜 엄마와 겁 많은 아이를 위해 '이상한 손님'인 선녀와 아기 도깨비가 찾아온다. 이번에는 문방구에서 산 '알사탕'을 통해 마법이 일어난다. 알사탕을 먹으면 듣지 못했던 소리가 귀에 들린다.

소파가 말하는 소리, 늙은 개 구슬이가 말하는 소리, 그리고 아빠가 차마 말로 하지 못한 사랑한다는 마음의 소리를 듣게 된다. 그리고 돌아가신 할머니의 이야기를 듣는다. 할머니는 친구들과 많이 뛰어 놀라고 당부한다. 그리고 이 그림책의 너무나도 아름다운 장면, 어쩌면 우리나라 그림책에서 가장 아름다운 장면이 펼쳐진다. 가을이 깊어진 공원, 빨갛고 노란 낙엽이 저마다 동동이를 부르며 몸을 흔들고 있다. 이제는 동동이가 말을 걸어야 하는 순간이다. 마음의 문을 열어야 하는 시간이 왔다.

이 책은 읽는 사람마다 반응하는 지점이 다르다. 부모의 반응이 다르고 아이의 반응이 다르며 아이의 성격에 따라 다른 장면에서 마음이 움직인다. 하지만 전하는 말은 한 가지다. 마음을 열고 우리는 서로의 말을 들어야 한다. 상대의 마음에 고개를 끄덕이고 내 마음도 표현해야 한다. 책의 후반부, 빨갛고 노란 낙엽이 떨어지는 나무와 그 아래 서 있는 아이를 보고 있자면 가슴이 먹먹해진다. 어서 가을을 맞으러 나가고 싶고 가을 나무 아래에서 아이의 손을 따뜻하게 잡아주고 싶다. 가을이 깊어간다. 더 늦기 전에 아이와 가을 나무 밑으로 가자. 그 아래에서 마음이 아닌 말로 아이에게 꼭 사랑을 표현해보자.

#백희나 #아빠장면 웃음울음 동시주의 #가을나들이가자

함께 읽어보면 좋은 책

백희나 작가의 작품은 어디까지 나아갈까? 『구름빵』, 『달 샤베트』, 『장수탕 선녀님』에 이어 『알사탕』까지 그의 작품은 계속 발전하고 있다. 그의 작업은 직접 손으로 빚어 만든 인형을 사진으로 찍어 영화처럼 보여주는 방식으로 이뤄진다. 마음껏 상상할 수 있는 표현법과 있는 그대로를 정확하게 보여주는 표현법 두 가지가 이어져 있다. 형식에서부터 이질적인 두 가지 기법을 절묘하게 섞어내고 있는 셈이다. 표현 역시 양쪽을 오고 간다. 때로는 귀엽고 재미나고 때로는 근사하고 아름답다. 한참 웃다 보면 감탄이 나오는 식이다.

내용 역시 마찬가지다. 실제와 상상, 막막한 현실과 신비한 마법을 하나의 작품에 잘 어우른다. 삶은 대부분 막막하다. 어떤 시간은 그저 버텨내야 한다. 그럴 때 상상이 필요하고, 희망이 필요하다. 그럴 때 사랑이 있다면, 내 손을 잡아줄 누군가가 있다면 조금은 더 힘을 낼 수 있다. 그의 그림책은 독자들에게 상상의 힘을 선물한다. 잠시 쉬어갈 공간을 만들어준다. 그러고는 우리의 마음에 따뜻한 온기를 불어넣어 준다. 사랑을 믿어보라고, 서로에게 사랑을 전해보라 권한다.

백희나 작가의 작품은 뭐든 다 읽어볼 만하다. 위에 쓴 작품 말고도 『이상한 손님』, 『어제저녁』도 좋다. 아이를 위한 책은 아니지만 엄마들에겐 『삐약이 엄마』도 권하고 싶다. 큰 위안을 받는 분도 있을 것이다.

가을이 깊어지면 권하고 싶은 책이 몇 권 있다. 아빠들에겐 버나드 와버의 글에 이수지 작가가 그림을 그린 『아빠, 나한테 물어봐』를 권하고 싶다. 이 책을 읽는다면 아이와 공원에 나가지 않을 수 없을 것이다. 조금 어린 아이라면 『나뭇잎이 달아나요』(올레 쾨네케 지음)를 권하고 싶다. 단순한 이야기지만 아이들이 즐거워하는 책이다. 뭐든 엉망이 되고 마는 이야기를 아이들은 원래 좋아한다. 이 책을 읽고 공원에 가면 나뭇잎 잡으러 달려가는 아이를 잘 붙잡아야 한다.

놀이를 유도하는 그림책에는 나카야 미와의 『도토리 마을의 모자 가게』가 있다. 이 책을 읽고 나면 할 일이 많아진다. 공원에 나가 도토리를 함께 주울 수도 있고, 아이와 도토리로 뭔가를 만들어볼 수도 있다. 슈퍼마켓 놀이를 하자는 아이도 있을 것이다. 그 무엇이든 좋은 추억이 될 것이다. 『작은 생쥐의 황금빛 나뭇잎』(캐서린 멧미어 글, 에스텔 민스 그림)은 가을 숲을 배경으로 아이에게 용기를 심어주는 내용이다. 초등학생이라면 질 바크렘의 '찔레꽃 울타리' 시리즈 중 『가을 이야기』나 크리스 반 알스버그의 『나그네의 선물』을 권하고 싶다. 그림도, 글도 아름답다.

가을은 아름다운 계절이기에 풍경을 그려낸 책들이 많다. 『울긋불긋 가을 밥상을 차려요』(김영혜 지음)에 가을 숲의 풍경이 잘 묘사되어 있다. 반면 『바빠요 바빠』는 우리네 시골 마을의 가을 풍경을 보여준다. 부모들이 더 좋아하는 책이기는 한데 데지마 게이자부로의 『아기 곰의 가을 나들이』는 아름다운 목판화 그림이 인상적이다. 오래 간직하고 볼 만한 책이다. 『가을을 만났어요』 역시 한수임 작가의 그림에 잠시나마 숨 막히는 감동을 느낄 수 있다.

10

10
	1	2	3	4	5
6	7	8	9	10	11	12
13	14	15	16	17	18	19
20	21	22	23	24	25	26
27	28	29	30	31		

11
					1	2
3	4	5	6	7	8	9
10	11	12	13	14	15	16
17	18	19	20	21	22	23
24	25	26	27	28	29	30

27
일요일

28
월요일

29
화요일

30
수요일

31
목요일

11/1
금요일

2
토요일

이번 주에
아이와 함께 읽은 그림책

책 제목 :

별점 : 엄마, 아빠 ☆☆☆☆☆   아이 ☆☆☆☆☆

아이와 함께 나눈 이야기 :

책 제목 :

별점 : 엄마, 아빠 ☆☆☆☆☆   아이 ☆☆☆☆☆

아이와 함께 나눈 이야기 :

책 제목 :

별점 : 엄마, 아빠 ☆☆☆☆☆   아이 ☆☆☆☆☆

아이와 함께 나눈 이야기 :

10월 다섯째 주

 뽀뽀는 무슨 색일까?
로시오 보니야 지음 | 옐로스톤

 고미 타로의 색깔 그림책 세트
고미 타로 지음 | 달리

아이는 생후 6개월이면 어른과 비슷하게 볼 수 있다. 형태를 정확히 파악하고 다양한 색을 구별할 수 있다. 하지만 색의 이름을 알기 위해서는 시간이 더 필요하다. 두 돌쯤 되면 일부 아이들은 색 이름을 한 가지 정도는 말하곤 한다. 하지만 빨강이란 단어를 말한다고 빨간색을 아는 것은 아니다. 아이는 노란색을 보고도 빨강이라 말하고 초록색을 보고도 빨강이라 말한다. 정확히 색 이름을 아는 나이는 30개월이 지나야 한다. 대개는 세 돌 무렵인데, 한 가지 색깔을 정확히 알게 되면 그때부터 발달이 빨라진다. 다른 색깔은 금세 배운다.

색 이름을 아는 것이 뭐가 그리 어려우냐 생각할 수도 있겠다. 어른에게는 아무 것도 아닌 일이지만 아이에게는 만만치 않다. 컵을 컵이라 말하고 연필을 연필이라 부르기는 쉽다. 하지만 엄마가 컵을 가리키며 노란색이라 말하면 아이는 혼란스럽다. '어, 그것은 컵인데.' 그러더니 조금 뒤에는 꽃을 보고 또 엄마가 노란색이라고 한다. 아이의 두뇌는 아직 범주화를 할 수 없기에 혼란은 불가피하다. 하지만 그것은 잠깐이다. 아이의 두뇌는 빠르게 자란다. 곧 색을 나눠서 말할 수 있고 크기에 따라 또 모양에 따라 사물을 부를 수 있게 된다.

색깔 그림책은 이런 과정을 살짝 거든다. 아이가 마주치는 사물들을 색깔별로 묶어서 보여준다. 악어와 채소와 콩을 한곳에 묶어둔 후 이 모두가 초록색이라고 말해주는 식이다. 시각적인 방법으로 아이의 범주화 능력을 키워주는 것인데 이 분야의 고전은 역시 고미 타로의 '색깔 그림책' 6권 세트다.

『뽀뽀는 무슨 색일까?』는 고미 타로의 책보다는 조금 큰 아이에게 어울린다. 이 책의 장점은 구성에 있다. 작가는 아이들이 지닌 집중력의 한계를 잘 알고 있다. 달짝지근한 꿀과 똥 이야기, 눈사람, 맛난 과자까지 아이들이 좋아하는 사물이나 동물이 계속 등장한다. 긴장을 유발하는 재미난 상황을 리듬감 있게 집어넣어 흥미를 유지한다. 게다가 이야기의 밑바탕에는 아이와 부모가 함께 하는 독서를 행복하게 이끌어가는 장치가 깔려 있다. 책의 제목이기도 한 '뽀뽀는 무슨 색일까?'라는 답 없는 질문.

뽀뽀의 색은 알 수 없다. 그러니 일단 해봐야 한다. 하면서 무슨 색인지 찾아보고 생각해야 한다. 책을 다 읽으면 아이와 부모는 뽀뽀를 하지 않을 수 없다. 서로의 사랑을 확인하게 된다. 책을 함께 읽는 것도 사랑이지만 스킨십으로 끝을 맺으면 행복은 두 배가 된다. 부모 역시 그림책 읽어준 값을 톡톡히 받는 느낌이다. 거기다 뽀뽀를 한다고 뽀뽀가 무슨 색인지 알 수는 없는 법. 앞으로도 또 읽고 또 읽어야 한다. 읽을 때마다 뽀뽀를 하고 또 행복을 느낄 것이다. 삶의 색깔은 그렇게 점점 진해져 갈 것이다.

색깔 그림책 #범주화 #뽀뽀부터 하자 #사랑은 무슨 색?

함께 읽어보면 좋은 책

색깔 그림책 추천. 제인 커브레라의 『야옹이가 제일 좋아하는 색깔은?』 역시 부모와의 사랑을 더해주는 따뜻한 책이다. 그림은 무척 귀엽지만 유화로 표현한 색은 좀 더 강렬하다. 최향랑의 『숲 속 재봉사의 꽃잎 드레스』는 말린 꽃과 식물을 이용하여 콜라주 기법으로 만든 아름다운 우리 그림책이다. 진짜 자연의 색을 느낄 수 있다. 나카야 미와의 '까만 크레파스' 시리즈나 올리버 제퍼스의 『크레용이 화났어』 연작은 색깔 이름 공부와 사회성에 대한 메시지를 함께 다루는 책이다. 만 5세 이상 아이들에게 추천한다.

11

일	월	화
3	4	5
10	11 음 10.15	12
17	18	19
24	25	26

10
	1	2	3	4	5
6	7	8	9	10	11	12
13	14	15	16	17	18	19
20	21	22	23	24	25	26
27	28	29	30	31		

12
1	2	3	4	5	6	7
8	9	10	11	12	13	14
15	16	17	18	19	20	21
22	23	24	25	26	27	28
29	30	31				

아이와 함께 그림책을 본 날

수	목	금	토
		1	2
6	7	8	9
13	14	15	16
20	21	22	23
27　　음 11.1	28	29	30

- 16일
- 17일
- 18일
- 19일
- 20일
- 21일
- 22일
- 23일
- 24일
- 25일
- 26일
- 27일
- 28일
- 29일
- 30일

이 달에 내가 읽고 싶은 책

제목	지은이	체크

이 달에 아이와 읽고 싶은 책

제목	지은이	체크

이 달의 행사

날짜	행사명	장소	메모	체크
/				
/				
/				
/				
/				
/				

이 달에 나를 위해 하고 싶은 일

하고 싶은 일	메모	체크

이 달에 가족과 함께 하고 싶은 일

하고 싶은 일	메모	체크

사고 싶은 것

품명	가격	물품 정보	메모	체크
	₩			
	₩			
	₩			
	₩			
	₩			
	₩			

11

11
				1	2
3	4	5	6	7	8	9
10	11	12	13	14	15	16
17	18	19	20	21	22	23
24	25	26	27	28	29	30

12
1	2	3	4	5	6	7
8	9	10	11	12	13	14
15	16	17	18	19	20	21
22	23	24	25	26	27	28
29	30	31				

3
일요일

4
월요일

5
화요일

6
수요일

7
목요일

8
금요일

9
토요일

이번 주에
아이와 함께 읽은 그림책

책 제목 :

별점 : 엄마, 아빠 ☆☆☆☆☆   아이 ☆☆☆☆☆

아이와 함께 나눈 이야기 :

책 제목 :

별점 : 엄마, 아빠 ☆☆☆☆☆   아이 ☆☆☆☆☆

아이와 함께 나눈 이야기 :

책 제목 :

별점 : 엄마, 아빠 ☆☆☆☆☆   아이 ☆☆☆☆☆

아이와 함께 나눈 이야기 :

11월 첫째 주

4세 이상 **다음엔 너야**

에른스트 얀들 글, 노르만 융에 그림 | 비룡소

11월 첫 주는 더 늦기 전에 독감 예방주사를 맞아야 한다. 독감 예방주사가 면역 효과를 갖기 위해선 2주 정도의 시간이 필요하다. 11월 중순이면 이미 독감이 유행하기 시작하니 더 늦어져선 안 된다. 그런데 참 곤란하다. 아프지도 않은데 아이를 병원에 데려가야 하고, 이유도 모른 채 아이는 주사를 맞아야 한다.

아이들은 병원에 가는 것을 참 두려워한다. 병원에서 좋은 경험을 갖지 못해 왔기 때문이다. 몸에 이상한 기계를 들이대고, 집어넣고, 급기야는 날카로운 바늘로 찌른다. 몸이 불편해 기분도 안 좋은데 이렇게 괴롭히다니! 정말 밉다. 게다가 다녀오면 억지로 약도 먹어야 한다.

병원에서 치료를 받아야 아픈 것이 나을 수 있다고 부모는 말한다. 아이가 그 말을 이해하기란 쉽지 않다. 대여섯 살 먹은 아이는 아직 변화의 개념이 없다. 그저 지금 이 순간의 경험과 느낌이 전부다. 지금 아프면 아픈 것이고, 지금 멀쩡하면 멀쩡한 것이다. 시간 개념도, 인과관계도 아직 이해하지 못한다. 그러니 그렇잖아도 아픈데, 치료라는 말로 또 아프게 하는 부모가 밉다. 병원의 의사가 밉다. 치료 덕분에 네가 나았다고 해도 믿지 않는다. 자기가 우니까 어른들이 괴롭히지 않아서 나은 것이라 생각한다. 부모 입장에서는 황당하지만 아이들의 사고 수준이 이 정도다. 에른스트 얀들이 글을 쓰고, 노르만 융에가 그림을 그린 『다음엔 너야』는 병원에 대한 그림책이다. 복잡한 이야기는 하나도 없다. 그저 병원 대기실의 풍경을 보여주며 긴장과 두려움에 시달리는 아이들에 집중한다. 어두운 대기실에 기다리는 손님은 모두 다섯. 저마다 아픈 곳, 망가진 곳이 있는 장난감이다. 진료실의 문이 열리면 누군가 나오고, 누군가 들어간다. 나오는 장난감의 표정은 모두 밝다. 다친 곳은 낫고, 고장 난 데는 고쳤다. 그래도 조금 후 들어가야 하는 장난감들은 긴장하지 않을 수 없다. 마지막 남은 피노키오는 눈물까지 흘린다. 하지만 자기 차례가 되자 피노키오는 용기를 낸다. 천천히 걸어가 인사를 한다. 의사 선생님도 밝게 웃고 있다.

예방접종에 대한 책이라면 더욱 좋았지 싶다. 하지만 그런 대로 아이와 병원 이야기를 나누기에 좋다. 기다리는 순간은 어둡다. 긴장과 두려움 때문이다. 하지만 용기를 내어 들어가면 그곳은 밝다. 아픔이 끝나고 나을 수 있다. 희망은 거기에 있다. 이 책은 많은 말을 하지 않는다. 하지만 묘하게 아이에게 힘을 준다. '저 녀석들도 했으니 나도 할 수 있어.' 다섯 장난감이 용기를 냈듯 아이도 용기를 낸다. 친구들이 했다면 나도 할 수 있을 거야. 만만해야 시도하고, 처음엔 어설프다. 아이들의 성장이란 것이 대개 그렇다.

#병원 그림책 #주사는 무서워 #긴장 #용기 #사탕 주세요

함께 읽어보면 좋은 책

6세 이상이고 지식 그림책을 좋아한다면 『싸우는 몸』(서천석 글, 양정아 그림)을 추천한다. 예방주사의 필요성은 물론 겨울철 건강을 지키기 위해 어떤 노력을 해야 하는지 아이와 이야기 나누기에 좋다.

11

11
					1	2
3	4	5	6	7	8	9
10	11	12	13	14	15	16
17	18	19	20	21	22	23
24	25	26	27	28	29	30

12
1	2	3	4	5	6	7
8	9	10	11	12	13	14
15	16	17	18	19	20	21
22	23	24	25	26	27	28
29	30	31				

10 일요일

11 월요일

12 화요일

13 수요일

14 목요일

15 금요일

16 토요일

이번 주에
아이와 함께 읽은 그림책

책 제목 :

별점 : 엄마, 아빠 ☆☆☆☆☆ 아이 ☆☆☆☆☆

아이와 함께 나눈 이야기 :

책 제목 :

별점 : 엄마, 아빠 ☆☆☆☆☆ 아이 ☆☆☆☆☆

아이와 함께 나눈 이야기 :

책 제목 :

별점 : 엄마, 아빠 ☆☆☆☆☆ 아이 ☆☆☆☆☆

아이와 함께 나눈 이야기 :

11월 둘째 주

 오늘은 우리 집 김장하는 날
6세 이상
채인선 글, 방정화 그림 | 보림

채인선 작가의 책은 따뜻하다. 등장인물들은 같이 일하고, 서로 도우며, 함께 행복을 만들어간다. 공동체가 살아 있고 아이들 역시 공동체 속에서 중요한 역할을 한다. 요즘에는 희미해진 모습인데 그 모습을 맛깔나게 살려내기에 부모들은 아이에게 더 읽어주고 싶다. 요즘은 김장을 담그는 집도 많지 않다. 특히 아이를 키우는 집은 더욱 그렇다. 김장을 담글 정도로 김치를 많이 먹지도 않고, 맞벌이를 하며 아이를 키우다 보면 짬도 나지 않는다. 친가나 외가에 함께 모여 김장을 담그는 집도 있지만 그 시간조차 부담스럽다는 부모가 많다.

그래도 아이에게 가족과 공동체가 함께하는 경험을 갖도록 돕는 것은 중요하다. 자신의 생활 속 문화에서 공동체를 경험하지 못한 아이들은 공동체를 이해하기가 쉽지 않다. 함께 모여 미래를 대비하고, 어려움을 나누고, 즐거운 시간을 보내는 것이 왜 필요한지 모른다. 대부분의 일은 혼자 감당할 수밖에 없다고 느낀다. 물론 사람이 혼자 감당해낼 수 있는 일의 범위란 얼마 되지 않는다. 상업적인 서비스에 많은 부분을 의지해 불안을 넘어서야 한다. 미래에 존재할 공동체가 전통적인 공동체와 같을 수는 없겠지만 어린 시절에 공동체의 원형을 경험해본다는 것은 의미가 있다.

김장은 전통적인 공동체가 함께 치른 가장 중요한 행사 중 하나다. 보통 입동 무렵에 함께 하는데, 가족은 물론 이웃이 함께 돕곤 했다. 아무래도 맛난 음식을 먹는 것으로 마무리하니 분위기도 나쁘지 않다. 모두가 먹을 음식을 모두가 함께 만든다는 것도 취지가 좋다. 아이들도 얼마든지 참여할 수 있다. 그림책에서는 아기 생쥐가 엄마 생쥐의 첫 김장을 적극 돕는다. 아이들은 이 부분에 신이 난다. 나도 한몫을 할 수 있다. 보통은 일하는 데 거추장스럽다고 저리 가라 하기 쉬운데 그림책의 아기 생쥐는 중요한 역할을 하니까.

만약 실제 김장을 담근다면 아이에게도 꼭 역할을 주자. 실제 음식을 만드는 일보다, 음식을 함께 만든다는 경험이 더 중요한 시대니까. 김장을 담그지 않는다면 다른 요리를 함께 해볼 수도 있겠다. 겨우내 함께 마실 모과차를 만들어볼 수도 있고, 잼을 만들 수도 있다. 여럿이 모여 시간을 들여 음식을 만들고 같이 맛나게 먹는 경험. 식구는 '같이 먹는 입'이다. 우리는 식구고 함께 만들어 함께 먹는다. 그래서 참 소중하다. 아빠도, 엄마도, 아이도, 가능하다면 두세 가족이 함께 모여 그런 시간을 가져보자.

#김장 #아이는 신난다 #올해는 몇 포기? #절임배추 좋아요

11

11						
					1	2
3	4	5	6	7	8	9
10	11	12	13	14	15	16
17	18	19	20	21	22	23
24	25	26	27	28	29	30

12						
1	2	3	4	5	6	7
8	9	10	11	12	13	14
15	16	17	18	19	20	21
22	23	24	25	26	27	28
29	30	31				

17
일요일

18
월요일

19
화요일

20
수요일

21
목요일

22
금요일

23
토요일

이번 주에
아이와 함께 읽은 그림책

책 제목 :

별점 : 엄마, 아빠 ☆☆☆☆☆ 아이 ☆☆☆☆☆

아이와 함께 나눈 이야기 :

책 제목 :

별점 : 엄마, 아빠 ☆☆☆☆☆ 아이 ☆☆☆☆☆

아이와 함께 나눈 이야기 :

책 제목 :

별점 : 엄마, 아빠 ☆☆☆☆☆ 아이 ☆☆☆☆☆

아이와 함께 나눈 이야기 :

11월 셋째 주

4세 이상 **페르디의 가을 나무**
줄리아 롤린슨 글, 티파니 비키 그림 | 보림

단풍은 아름답다. 알록달록 옷을 갈아입은 나무를 보며 아이는 아름다움이 무엇인지 경험할 기회를 가졌다. 길에 떨어진 낙엽도 참 예쁘다. 노랗고 붉은 나뭇잎은 그냥 버리기 아깝다. 어떤 아이들은 모두 모아 집에 가져가자고 떼를 쓰기도 한다. 하지만 아름답던 가을도 이제 저물어간다. 이 무렵이면 서리가 내리고 서리를 한 번 맞고 나면 가을 색은 빛이 바랜다. 아이들은 당황한다. 이제 나무는 어떻게 되는 것일까? 메마른 나무가 푸른 나무로, 푸른 나무가 금빛과 붉은 빛의 아름다운 나무로 변했는데 이제 어떻게 되는 것일까?

『페르디의 가을 나무』는 아기 여우 페르디를 주인공으로 그려낸 사계절 그림책의 가을 편이다. 페르디는 나무가 갈색으로 변하고, 메말라가는 것이 걱정이다. 이파리가 떨어질 때마다 나무가 아파 보여 걱정이다. 떨어지는 잎을 조심스럽게 받아서 다시 가지에 실로 묶어준다. 물론 그래봤자 바람이 불면 잎은 사정없이 떨어진다. 나무를 사랑하는 페르디는 나무의 잎이 떨어지는 것이 속상하다. 바람이랑 다람쥐가 나뭇잎을 다 훔쳐가는 것만 같아 화가 나고 마지막 남은 잎사귀 하나는 꼭 지켜주겠다는 약속을 지키지 못한 자신의 무력함이 슬프다.

엄마는 화가 나고 슬픈 페르디를 보듬어주지만 그렇다고 위안이 되지 않는다. 하지만 밤새 걱정하다 아침 일찍 찾아간 나무. 그 나무 앞에서 페르디는 깜짝 놀란다. 나무는 천 개의 고드름을 매달고 은빛으로 반짝이고 있었다. 과거는 사라졌지만 그렇다고 끝이 아니다. 새로운 아름다움으로 다시 태어났다.

적잖은 아이들이 변화를 두려워한다. 끝은 끝일뿐 새로운 시작이라 믿지 못한다. 지금 이 시간이 끝나면 이 순간 느끼는 행복도, 안정도 더는 없으리라 생각한다. 오늘을 어제로 보내야 내일이 오늘로 오는 것이건만 아이는 오늘을 잡고 싶어 한다. 시간이 지나감에도 과거의 것에 집착해 되찾고 싶어 한다. 새로운 시간엔 새로운 행복이 기다리고 있으리라 믿기에 아이는 아직 경험이 부족하다. 스스로를 믿지 못한다.

한 해가 끝나가는 시간이다. 이제 올해가 가고 아이는 내년을 맞을 것이다. 내년에는 새로운 선생님과 친구를 만나고 새로운 경험을 해야 한다. 그 시간에는 또 다른 행복이 있을 것이다. 가을 나무를 떠나보낸 후 그만큼이나 아름다운 겨울나무를 맞이했듯 아이의 내년도 아름다울 수 있다. 아이의 삶에서 불안은 불가피하다. 계절이 바뀌는 이 시간에 희망으로 미래를 함께 이야기해보면 어떨까? 그렇다. 크리스마스도 한 달 남짓 남았으니까.

#가을 그림책 #단풍 #변화 #끝은 새로운 시작

11

11
					1	2
3	4	5	6	7	8	9
10	11	12	13	14	15	16
17	18	19	20	21	22	23
24	25	26	27	28	29	30

12
1	2	3	4	5	6	7
8	9	10	11	12	13	14
15	16	17	18	19	20	21
22	23	24	25	26	27	28
29	30	31				

24
일요일

25
월요일

26
화요일

27
수요일

28
목요일

29
금요일

30
토요일

이번 주에
아이와 함께 읽은 그림책

책 제목 :

별점 : 엄마, 아빠 ☆☆☆☆☆ 아이 ☆☆☆☆☆

아이와 함께 나눈 이야기 :

책 제목 :

별점 : 엄마, 아빠 ☆☆☆☆☆ 아이 ☆☆☆☆☆

아이와 함께 나눈 이야기 :

책 제목 :

별점 : 엄마, 아빠 ☆☆☆☆☆ 아이 ☆☆☆☆☆

아이와 함께 나눈 이야기 :

11월 넷째 주

6세 이상

요셉의 작고 낡은 오버코트가
심스 태백 지음 | 베틀북

아이들은 변화를 두려워하면서도 변화에 매혹된다. 실은 두려움과 매혹은 동전의 앞뒷면이다. 겁이 많은 아이는 귀신 이야기를 자꾸만 들려달라고 하고, 물을 무서워하는 아이는 들어가지도 않을 물가에 자꾸만 다가간다. 그럴 거면 한번 들어가 보라고 하면 손사래 치면서도 다가가는 시도는 멈추지 않는다. 아이는 두려움을 이겨내고 싶기에 익숙해지려 한다. 변화를 두려워하는 아이 역시 유난히 변신 이야기를 즐긴다. 어차피 변화를 받아들여야 한다는 것쯤은 아이도 이해하고 있기 때문이다.

심스 태백의 놀라운 그림책 『요셉의 작고 낡은 오버코트가』는 낡은 오버코트의 변신 이야기다. 요셉은 오래 입어 작고 누덕누덕 기운 오버코트가 한 벌 있다. 더 이상은 오버코트 역할을 할 수 없자 요셉은 코트로 재킷을 만든다. 재킷이 더 이상 못 쓰게 되자 조끼로, 조끼가 낡자 목도리로, 목도리가 낡고 구멍이 뚫리자 넥타이로 만든다. 넥타이는 손수건이 되고, 손수건은 단추가 된다. 그리고 단추가 사라지자 요셉은 이 이야기로 그림책을 만든다. 바로 이 그림책이다.

심스 태백은 그림책에 구멍을 뚫어 다음 장을 들여다보게 하는 기법을 사용한다. 책을 읽는 아이들은 그 덕분에 흥미진진하게 변화를 따라갈 수 있다. 알록달록 색채감이 뚜렷하면서도 여기저기 재미난 장치를 숨겨 둔 그림은 아이들의 눈을 즐겁게 한다. 조금씩 긴장을 더해가며 변주하는 이야기 구조 역시 아이들이 좋아하는 방식이다. 그림책을 읽고 나면 아이들은 자기가 가진 것은 무엇으로 바꿀 수 있을까 이야기하기 시작한다. 이 책이 보여주는 변화는 너무나 자연스럽다. 변화 덕분에 요셉은 오버코트와 더 오래 함께할 수 있었다. 변화에 대한 아이의 두려움을 없애는 기막힌 구성이다. 변해야만 더 오래 함께할 수 있다면 그래 변해야지 뭐 다른 길이 있겠나.

이 책의 활용도는 다양하다. 재활용에 대한 이야기, 검소함이란 소중한 가치를 전달하는 책으로 나눌 수도 있다. 다만 나는 겨울의 초입, 주변의 소중한 것이 사라지는 듯 느껴져 마음이 시려오는 이 시간에 이 책이 유독 자주 생각난다. 그래서 이 책을 아이와 함께 읽으며 이야기를 나눈다. "우리도 조금씩 변하겠지만 영원히 함께할 거야. 서로를 소중히 여긴다면 말이야. 낡고 헤지고 심지어 없어져도 끝까지 함께해야지. 노래로, 이야기로 만들어서라도. 우리는 서로 사랑하니까." 자, 이번 주는 따뜻한 겨울 외투도 준비해야 할 시간이다.

#변화를 두려워하는 아이 #변신 이야기
#영원히 간직하는 법 #나에게 가장 소중한 것

12

일	월	화
1	2	3
8	9	10
15	16	17
22 동지	23	24
29	30	31

11

					1	2
3	4	5	6	7	8	9
10	11	12	13	14	15	16
17	18	19	20	21	22	23
24	25	26	27	28	29	30

1

			1	2	3	4
5	6	7	8	9	10	11
12	13	14	15	16	17	18
19	20	21	22	23	24	25
26	27	28	29	30	31	

1일 2일 3일 4일 5일
6일 7일 8일 9일 10일
11일 12일 13일 14일 15일

아이와 함께 그림책을 본 날

수	목	금	토
4	5	6	7
11　　　　음 11.15	12	13	14
18	19	20	21
25　성탄절	26　　　　음 12.1	27	28

16일　17일　18일　19일　20일
21일　22일　23일　24일　25일
26일　27일　28일　29일　30일　31일

이 달에 내가 읽고 싶은 책

제목	지은이	체크

이 달에 아이와 읽고 싶은 책

제목	지은이	체크

이 달의 행사

날짜	행사명	장소	메모	체크
/				
/				
/				
/				
/				
/				

이 달에 나를 위해 하고 싶은 일

하고 싶은 일	메모	체크

이 달에 가족과 함께 하고 싶은 일

하고 싶은 일	메모	체크

사고 싶은 것

품명	가격	물품 정보	메모	체크
	₩			
	₩			
	₩			
	₩			
	₩			
	₩			

12

12
1	2	3	4	5	6	7
8	9	10	11	12	13	14
15	16	17	18	19	20	21
22	23	24	25	26	27	28
29	30	31				

1
			1	2	3	4
5	6	7	8	9	10	11
12	13	14	15	16	17	18
19	20	21	22	23	24	25
26	27	28	29	30	31	

1
일요일

2
월요일

3
화요일

4
수요일

5
목요일

6
금요일

7
토요일

이번 주에
아이와 함께 읽은 그림책

책 제목 :

별점 : 엄마, 아빠 ☆☆☆☆☆ 아이 ☆☆☆☆☆

아이와 함께 나눈 이야기 :

책 제목 :

별점 : 엄마, 아빠 ☆☆☆☆☆ 아이 ☆☆☆☆☆

아이와 함께 나눈 이야기 :

책 제목 :

별점 : 엄마, 아빠 ☆☆☆☆☆ 아이 ☆☆☆☆☆

아이와 함께 나눈 이야기 :

.... 12월 첫째 주

 커다란 크리스마스트리가 있었는데
로버트 배리 지음 | 길벗어린이

본격적인 겨울이다. 한 해의 마지막이다. 아이를 키우면 12월은 특별한 달이다. 크리스마스가 있기 때문이다. 외래 명절이라 별다른 의미를 두지 않은 분도 부모가 되면 더 이상 크리스마스를 가볍게 넘길 수 없다. 어린이집이나 유치원에서 이런저런 행사를 하고, 아이들은 선물도 기다린다. 12월 내내 아이들은 크리스마스 이야기를 듣는다. 마음이 들뜨지 않을 수 없다.

로버트 배리의 『커다란 크리스마스트리가 있었는데』는 크리스마스 시즌을 시작하기에 꼭 맞는 책이다. 윌로비 씨의 대저택에 크리스마스트리가 들어왔다. 엄청나게 큰 나무였다. 너무 커서 천장에 닿아 구부러졌다. 아이들은 대개 큰 것을 좋아한다. 자신이 작아 주눅 들어 왔기에 커지고 싶은 마음이 많아서다. 그런데 커서 골치가 아픈 나무라니. 그것만으로도 아이들은 흥미롭다. 크다고 다 좋은 것만은 아니야. 뭔가 좀 위로가 되고 쌤통이다 싶다.

윌로비 씨의 집사 백스터 씨가 해결책을 찾았다. 나무 윗부분을 싹둑 잘라냈다. 거기서 이 이야기는 본격적으로 시작한다. 백스터 씨는 잘라낸

위쪽 토막을 버리지 않았다. 2층에서 일하는 애들레이드 양에게 준다. 애들레이드 양은 뛸 듯이 기뻐한다. 아쉬운 점은 그의 방은 천장이 낮아 잘라낸 나무도 너무 크다. 결국 또 위를 잘라내고 잘린 나무는 정원사 팀 아저씨의 집으로 향한다. 이렇게 트리의 윗부분은 계속해서 잘린다. 잘린 나무는 곰의 집으로 가고, 여우와 토끼의 집을 거쳐 마침내 생쥐의 집에 가장 작은 토막이 돌아간다. 모두가 자신의 집에 꼭 맞는 멋진 트리를 갖게 되었다.

러시아 인형 마트료시카처럼 계속해서 작은 것, 더 작은 것이 나오는 이야기 구조에 아이들은 재밌어한다. 역시 반복과 변주는 아이들을 이야기 속에 빠뜨리는 강력한 도구다. 하지만 재미가 전부가 아니다. 아이들은 이 책을 통해 나눔의 의미를 배운다. 백스터 씨의 따뜻한 마음 덕분에 모두가 멋진 트리를 갖게 되었다. 크리스마스의 행복을 느끼게 되었다. 크리스마스는 혼자 즐거워하는 날이 아니다. 사랑을 전하러 세상에 온 분을 기념하려면 사랑을 나눠야 한다. 자기가 가진 것을 나눠 함께 행복해지는 것이 크리스마스의 의미다.

책을 읽고 아이들과 트리를 만들어도 좋으리라. 작은 트리여도 함께 꾸민다면 아이들은 충분히 행복해한다. 하지만 집에서 직접 트리를 꾸미기 어렵다면 나눔을 실천해보는 일은 어떨까? 함께 해볼 일을 찾아보자. 종교가 없어도 상관없다. 즐거움을 남과 나눌 때 더 행복하다는 것을 가르치는 데는 종교가 필요하지 않으니까.

#벌써 크리스마스 #사랑을 나눠요
#트리 꾸미기 #작년 트리 어디 있더라?

12

12
1	2	3	4	5	6	7
8	9	10	11	12	13	14
15	16	17	18	19	20	21
22	23	24	25	26	27	28
29	30	31				

1
			1	2	3	4
5	6	7	8	9	10	11
12	13	14	15	16	17	18
19	20	21	22	23	24	25
26	27	28	29	30	31	

8
일요일

9
월요일

10
화요일

11
수요일

12
목요일

13
금요일

14
토요일

이번 주에
아이와 함께 읽은 그림책

책 제목 :

별점 : 엄마, 아빠 ☆☆☆☆☆   아이 ☆☆☆☆☆

아이와 함께 나눈 이야기 :

책 제목 :

별점 : 엄마, 아빠 ☆☆☆☆☆   아이 ☆☆☆☆☆

아이와 함께 나눈 이야기 :

책 제목 :

별점 : 엄마, 아빠 ☆☆☆☆☆   아이 ☆☆☆☆☆

아이와 함께 나눈 이야기 :

12월 둘째 주

6세 이상 **깃털 없는 기러기 보르카**
존 버닝햄 지음 | 비룡소

행복하고 말랑말랑한 책만 아이에게 보여줄 수는 없는 일이다. 만약 그러고 싶다면 부모로서 스스로를 돌아봐야 한다. 내가 아이를 믿지 못하는 것은 아닐까? 나의 불안이 아이의 시야를 좁게 하고, 경험을 가로막는 것은 아닐까? 부모의 불안이 크면 아이는 둘 중 하나의 길을 택한다. 부모가 열어주는 좁은 길 안에 머물며 이 길이 세상의 전부겠지 안심한다. 또는 답답한 길을 벗어나 자신의 삶을 모색하지만 부모에겐 진실을 말하지 않는다. 물론 그 어느 쪽도 좋은 선택은 아니다. 스스로를 믿지 못하거나 부모를 믿지 못하는 아이가 되는 것이니.

존 버닝햄의 첫 작품인 『깃털 없는 기러기 보르카』는 무거운 이야기다. 보르카는 깃털을 갖지 못한 채 태어났다. 부모는 보르카를 위해 털실로 옷을 짜주었지만 그렇다고 문제를 해결할 수는 없었다. 추위는 좀 피할 수 있었지만 헤엄치기도 배우기 어려웠고, 날 수도 없었다. 남과 다른 모습 때문에 외로움 속에 살아야 했고, 잘못한 것도 없이 놀림감이 되어야 했다.

겨울이 오면 기러기들은 떠난다. 그러나 보르카는 떠나지 못했다. 형제들에겐 기대도 없었다. 보르카의 외로움도 몰라주며 따로 놀던 녀석들이니. 그런데 보르카를 걱정해주던 부모마저 떠났다. 보르카만 혼자 두고. 털실로 짠 옷이 겨울비에 젖어 점점 추워 오건만 보르카는 홀로 남았다. 적잖은 아이들이 이 장면에서 그림책을 덮으려 한다. 부모가 떠나는 것을 받아들일 수 없어서다. 이처럼 불안이 거세게 올라온다면 굳이 더 읽어주지 않아도 좋다.

그러나 아이가 책을 덮으려 하지 않는다면 한 손으로 아이를 꼭 안으며 한 손으로 그림 속 보르카를 어루만져주자. "슬프겠구나. 속상하다. 엄마도 마음 아프다." 그러곤 다음 장으로 넘어가자. 이야기의 결말은 슬프지 않다. 보르카는 자신의 가치를 알아주는 친구들을 만나고, 자기 몫의 일을 충분히 해낸다. 마침내 멋진 곳에 보금자리도 만들게 된다. 보르카는 새로운 친구가 많이 생긴다. 멀리서 찾아오는 친구도, 가까이에 함께 사는 친구도 있다.

슬픔은 우리 삶에 어쩔 수 없이 다가온다. 하지만 또 지나간다. 우리는 슬픔보다 강하다. 어떤 감정보다 우리는 강하다. 아이들도 보르카 이야기를 좋아한다. 슬픔이 끝이 아니고, 불행이 끝이 아니라는 믿음을 얻고 싶기 때문이다. 그렇다. 끝이 아니다. 겨울이 가면 봄이 온다. 슬픔이 가면 행복의 시간이 온다. 아이를 믿어야 한다. 아이는 슬픔보다 힘이 세고, 불행보다 더 큰 존재다. 그 모든 시간을 넘어 살아낼 것이다.

#슬픔 #역경 #해피엔드 #부모의 공감과 위로

함께 읽어보면 좋은 책

존 버닝햄 그림책의 가장 큰 매력은 아이들을 믿는 마음에 있다. 그는 아이들의 내면에 힘이 있다며 아이를 믿고 기다리라고 이야기한다. 아이들은 때로는 소란스럽고 때로는 엉뚱한 일을 저지른다. 하지만 괜찮다. 그저 아이다운 모습일 뿐이고 그 모습 그대로 소중하다. 아이를 믿어야 한다. 그래야 아이가 믿음 안에서 자랄 수 있다.

『검피 아저씨의 뱃놀이』는 그의 대표작이다. 이 책의 백미는 검피 아저씨의 경고를 듣지 않아 아이들과 동물들이 물에 빠진 후 아저씨가 보이는 태도에 있다. 아저씨는 물에 빠진 친구들을 건져내곤 야단치지 않는다. 내 말 안 듣고 장난치더니 꼴좋다며 화내지 않는다. 대신 이렇게 말한다. "다들 집으로 돌아가자. 차 마실 시간이다." 함께 따뜻한 차와 과자를 먹는다. 아저씨는 아이들을 믿는 것이다. 너희도 고생을 했으니 이제 스스로 배웠을 것이라고. 잔소리 대신 믿음을 주고는 다시 한마디 보탠다. "다음에 또 놀러 오렴."

어쩌면 이 시대의 부모에게 가장 결여된 미덕이 그의 책에 있다. 그래서 어떤 부모는 그에게 열광하고, 어떤 부모는 그의 책을 부담스러워한다. 하지만 적어도 아이들은 안다. 그의 그림책이 자신의 편이라는 사실을. 그의 책을 들여다보는 아이들의 눈빛은 한없이 반짝인다. 이 책이 자신을 믿어준다는 것을 알기 때문이다. 그렇다. 그 정도를 그림책이 해낸다면 더 이상 그림책에 바랄 것은 없다.

존 버닝햄의 책은 무엇이든 추천한다. 최고 인기작인 『지각대장 존』은 물론이고 환경 문제를 다룬 『야, 우리 기차에서 내려!』, 재미난 상상을 통해 아이들을 행복한 잠자리로 이끌어 주는 『마법 침대』, 엉뚱한 이야기 전개에 웃음이 나오고 숫자 공부에도 그만인 『장바구니』 모두 추천한다. 크리스마스 시즌이니 단 한 명의 아이도 소중히 여기는 『크리스마스 선물』을 읽어도 좋겠다. 이 책을 읽어주면 아이들은 안심한다. '그래 내가 아무리 작고, 약하고, 부족해도 산타 할아버지는 나를 잊지 않을 거야. 엄마 아빠는 나를 영원히 사랑할 거야.'

12

12
일	월	화	수	목	금	토
1	2	3	4	5	6	7
8	9	10	11	12	13	14
15	**16**	**17**	**18**	**19**	**20**	**21**
22	23	24	25	26	27	28
29	30	31				

1
일	월	화	수	목	금	토
			1	2	3	4
5	6	7	8	9	10	11
12	13	14	15	16	17	18
19	20	21	22	23	24	25
26	27	28	29	30	31	

15
일요일

16
월요일

17
화요일

18
수요일

19
목요일

20
금요일

21
토요일

이번 주에
아이와 함께 읽은 그림책

책 제목 :

별점 : 엄마, 아빠 ☆☆☆☆☆   아이 ☆☆☆☆☆

아이와 함께 나눈 이야기 :

책 제목 :

별점 : 엄마, 아빠 ☆☆☆☆☆   아이 ☆☆☆☆☆

아이와 함께 나눈 이야기 :

책 제목 :

별점 : 엄마, 아빠 ☆☆☆☆☆   아이 ☆☆☆☆☆

아이와 함께 나눈 이야기 :

12월 셋째 주

선
이수지 지음 | 비룡소

하얀 종이 위에 선이 하나 그어진다. 한 아이가 멋지게 스케이트를 타고 있다. 곡선으로 돌자 얼음 위의 궤적은 멋지게 휘어져 돌아간다. 아이의 움직임은 아름다운 음악과 같다. 때로는 얇게 때로는 두텁게, 곡선으로 돌다가 이내 직선으로 꿰뚫는다. 빙글 돌면서 수없이 많은 원을 그려내더니 이내 가지 않은 곳으로 새로운 선을 그어낸다. 펜과 연필, 색연필만으로 단순하게 그려냈지만 아름답기 그지없다. 펜이 닿지 않은 여백도 여백에 머물지 않는다. 여백이 선에 아름다움을 주고 자유를 준다.

아이는 이제 멋지게 빙판 위를 날아오른다. 그 순간 삐끗. 아이는 넘어진다. 뜻대로 되지 않는 순간은 언제나 찾아온다. 그림이 제대로 그려지지 않는 순간은 너무도 흔하다. 언제나 지우개는 펜보다 더 많이 필요하다. 마음에 들지 않아 지우고 또 지우고, 종이를 구겨 바닥에 버린다. 삶에서 실패란 그저 과정에 불과하고 누구도 피해갈 수 없는 것이지만 여린 아이들은 실패와 좌절이 견디기 어렵다. 견디기 어려워 시도하지 않으려 하고 부모에게 의지한다.

자, 이제 어떻게 해야 할까? 작가는 실패한 스케이팅, 실패한 그림을 하나로 묶어낸다. 망친 그림이 보기 싫어 구겨버린 종이. 종이를 펴자 착지에 실패해 넘어진 아이가 망연자실하게 앉아 있다. 거기 한 아이가 미끄러지면서 들어온다. 온몸으로 쭉 미끄러지자 빙판도, 종이도 쭉 펴진다. 이내 수많은 아이들이 미끄러져 들어온다. 빙판 위를 뒹군다. 아이들은 온몸으로 구겨진 종이를 편다. 혼자 멋지게 스케이트를 타던 시간은 끝났지만 모든 시간이 끝이 난 것은 아니다. 빙판 위에서 수많은 친구들과 어울려 함께 즐긴다. 기차놀이도 하고 마음껏 함께 얼음을 지친다. 이렇듯 놀이와 삶은 끝이 없다. 포기할 필요가 없다.

이수지 작가의 책에는 글이 별로 없다. 이 책 역시 글자라곤 전혀 없다. 하지만 그 안에는 누구나 쉽게 공감할 수 있는 이야기가 있다. 작가는 차원을 넘나드는 압도적인 상상력을 통해 실패와 좌절로 인해 힘들어하는 아이들을 위로한다. 이수지 작가는 선의 마술사다. 그의 캐릭터는 고작 몇 개의 선으로 그려졌을 뿐인데 언제나 역동적이고 매력적이다. 그의 선은 긴장을 조이고 풀어내는 힘을 갖고 있다. 리듬감을 갖고 공간을 채운다.

겨울이다. 빙판의 계절이다. 스케이트를 타는 시간이다. 얼음은 미끄럽다. 얼마든지 넘어질 수 있다. 하지만 넘어질 수 있는 곳이기에 빠르게 달릴 수도 있는 것이다. 더 아름답게 달려보고 싶다면 넘어져봐야 한다. 잠시 아프지만 그뿐. 아픔을 넘어서는 즐거움이 그곳에 있다. 아이들의 삶에도 아픔이 있다. 그러나 부모는 미소로 말해줘야 한다. '지금 힘들면 멈춰도 좋아. 속상하면 울어도 좋아. 하지만 아픔을 넘어서면 즐거움이 꼭 있단다. 같이 즐거운 일을 또 해보자.'

#겨울 그림책 #넘어지지 않고 스케이트를 탈 수는 없지
#엉덩방아 백만 번 #그래도 재미있다

함께 읽어보면 좋은 책

겨울은 춥지만 아이들은 나가서 놀아야 한다. 겨울의 놀이를 그리는 그림책은 무엇이 있을까? 『SNOW: 눈 오는 날의 기적』(샘 어셔 지음)에서는 눈이 그친 후 할아버지와 함께 공원에 나가 눈싸움을 하는 아이의 모습이 신나게 그려지고, 『눈이 그치면』(사카이 고마코 지음)에는 엄마와 함께 밖에 나가 작은 눈사람을 만드는 아이의 모습이 잔잔하게 그려진다. 『힐링 썰매』(조은 글. 김세현 그림)는 김세현 화백의 아름다운 한국화 때문에 부모들이 더 좋아하는 그림책이다. 아이들이 더 잘 반응하는 책은 『맥스와 말라의 썰매 타기』(알렉산드라 보이저 지음)다. 썰매를 타고 내려오다 눈덩이가 된 주인공을 보면 아이들은 까르르 웃곤 한다. 『썰매를 타고』(정유정 지음)에는 얼음판에서 타던 우리의 옛 썰매놀이가 따뜻하게 그려지고 『나랑 스키 타러 갈래?』(클라우디아 루에다 지음)는 책을 움직여 가며 읽게 만드는 아이디어가 재미있다. 모두 멋진 그림책들이다.

12

12
1	2	3	4	5	6	7
8	9	10	11	12	13	14
15	16	17	18	19	20	21
22	23	24	25	26	27	28
29	30	31				

1
			1	2	3	4
5	6	7	8	9	10	11
12	13	14	15	16	17	18
19	20	21	22	23	24	25
26	27	28	29	30	31	

22
일요일

23
월요일

24
화요일

25
수요일

26
목요일

27
금요일

28
토요일

이번 주에
아이와 함께 읽은 그림책

책 제목 :

별점 : 엄마, 아빠 ☆☆☆☆☆   아이 ☆☆☆☆☆

아이와 함께 나눈 이야기 :

책 제목 :

별점 : 엄마, 아빠 ☆☆☆☆☆   아이 ☆☆☆☆☆

아이와 함께 나눈 이야기 :

책 제목 :

별점 : 엄마, 아빠 ☆☆☆☆☆   아이 ☆☆☆☆☆

아이와 함께 나눈 이야기 :

12월 넷째 주

4세 이상 **산타 할아버지가 우리 할아버지라면**
허은미 글, 이명애 그림 | 풀빛

아이들은 12월만 되면 걱정을 시작한다. 산타 할아버지가 꼭 오셔야 할 텐데. 혹시 전에 울면서 떼를 부렸는데 안 오시는 건 아닐까? 그래서 눈을 꼭 감고 기도한다. 엄마에게 쪼르르 달려가 확인도 한다. "산타 할아버지 꼭 오는 거 맞지?"

산타 할아버지는 아이들에게 중요한 상징이다. 너무나도 친근한데 엄청난 능력을 갖고 있다. 빨간 옷에 하얀 수염, 몸매도 귀엽다. 인자한 얼굴로 너털웃음을 짓는 기분 좋아지는 할아버지다. 그런데 놀랍게도 대단한 능력이 있다. 우선 썰매를 타고 하늘을 날 수 있다. 너무 부럽다. 자고 있을 때 몰래 들어와 선물만 두고 간다. 뚱뚱한 몸으로 어떻게 그럴 수 있지? 전 세계를 돌아다니며 선물을 준다. 엄청나게 빠르겠지? 가장 놀라운 것은 그 많은 선물을 다 마련한다는 사실. 이건 계산조차 할 수 없다. 그저 감탄할 뿐이다.

그렇게 엄청난 능력을 가진 존재가 나를 알고 있다. 내 행동을 지켜보고, 내 마음을 알고, 내가 갖고 싶은 선물을 준다. 능력을 가진 존재는 무섭기 마련인데 산타 할아버지만큼은 그렇지 않다. 아이들이 소망하는 어른의 전형, 한없이 강하면서도 사랑이 넘치는 존재가 바로 산타 할아버지다. 그래서일까? 일 년에 한 번만 만날 수 있다. 정말 좋은 것은 결코 흔하지 않으니까.

허은미 작가의 『산타 할아버지가 우리 할아버지라면』은 지금 여기에서 살아가는 우리 아이들의 이야기다. 아이는 할아버지 댁으로 향하는 버스 안에서 꿈을 꾼다. 꿈은 아이의 깊은 소망이다. 산타 할아버지가 우리 할아버지였으면. 만약 그렇다면 더 많은 시간을 함께하고 더 신나는 경험을 할 수 있을 텐데. 아이는 상상하고 꿈꾸며 행복해한다. 원래 기다림의 행복은 상상하는 데 있다. 물론 꿈은 깨고 아이는 현실로 돌아오지만 그렇다고 현실이 마냥 실망스럽진 않다. 따뜻하게 나를 맞아주는 진짜 할아버지가 아이를 기다리고 있으니까. 아이는 할아버지가 준 선물을 갖고 할아버지와 즐거운 시간을 보낸다. 그러면서 결심한다. 나도 나중에 멋진 할아버지가 될 거야. 산타 할아버지가 될 거야.

따뜻한 어른이 주변에 있는 아이에게 미래는 희망적이다. 사랑을 받을 때 아이는 비로소 사랑을 배울 수 있다. 크리스마스는 착한 아이인지, 나쁜 아이인지 평가해서 선물을 주는 날이 아니다. 아낌없이 사랑을 주는 시간이다. 그래서 아이 마음 밭에 씨앗을 뿌리는 시간이다. '나도 남을 사랑할 수 있는 사람이 되어야지.' 그런 소망의 꽃을 자라게 할 수 있다면 우리 부모들은 이미 산타 할아버지 그 이상의 존재다.

#산타 할아버지는 알고 계신대 #산타 선물은 몇 살까지?
#엄마 아빠도 선물 받고 싶어

12

12
1	2	3	4	5	6	7
8	9	10	11	12	13	14
15	16	17	18	19	20	21
22	23	24	25	26	27	28
29	30	31				

1
			1	2	3	4
5	6	7	8	9	10	11
12	13	14	15	16	17	18
19	20	21	22	23	24	25
26	27	28	29	30	31	

29
일요일

30
월요일

31
화요일

1/1
수요일

2
목요일

3
금요일

4
토요일

이번 주에
아이와 함께 읽은 그림책

책 제목 :

별점 : 엄마, 아빠 ☆☆☆☆☆   아이 ☆☆☆☆☆

아이와 함께 나눈 이야기 :

책 제목 :

별점 : 엄마, 아빠 ☆☆☆☆☆   아이 ☆☆☆☆☆

아이와 함께 나눈 이야기 :

책 제목 :

별점 : 엄마, 아빠 ☆☆☆☆☆   아이 ☆☆☆☆☆

아이와 함께 나눈 이야기 :

12월 다섯째 주

고양이 손을 빌려 드립니다
김채완 글, 조원희 그림 | 웅진주니어

8세 이상

올해도 이렇게 지나갔다. 아이들은 자랐고 부모는 한 살 더 먹었다. 부모의 시간은 아이에게로 흘러갔다. 한 해의 끝을 맞는 부모의 감정은 복잡하다. 부모로서 더욱 성장했음에 기쁜 분도 있겠지만 이렇게 늙어가는구나 싶어 쓸쓸한 기분도 들 것이다. 아이들은 부모의 이런 감정을 아는지 모르는지 그저 번잡하다. 유치원이나 학교도 방학인데다 겨울이라 바깥나들이도 쉽지 않으니 부모는 감정에 머무를 틈도 없다. 아이가 부르면 답을 해야 하고, 울면 달려가야 한다.

아이가 어릴 때는 정말 할 일이 많다. 대가족이나 마을 공동체에 기대던 육아는 이제 온전히 부모의 몫이다. 맞벌이가 보편화된 상황에서 부모에게 주어진 시간은 너무나 부족하다. 그 와중에 엄마들은 육아의 대부분을 떠맡고 있다. 힘들 때면 정말 '고양이 손이라도 빌리고' 싶다. 할 일이 너무 많기 때문이다.

얼핏 앤서니 브라운의 『돼지책』이 떠오른다. 『돼지책』에서 가족들은 엄마에게 모든 일을 떠맡긴다. 그리고 엄마가 떠나고 나자 모두 돼지로 변한다. 이 책의 가족들은 변하지 않는다. 대신 엄마가 고양이로 변한다.

휴식 없이 일해온 엄마는 잠시 쉬기 위해 고양이에게 집안일을 맡긴다. 고양이가 집안일을 돕자 엄마는 긴 잠을 자고 그때마다 조금씩 고양이로 변해간다. 아빠는 바빠서 엄마의 변신을 알지 못한다. 마침내 완전히 고양이가 되고 만 엄마를 보고서야 아빠는 자신의 삶을 되돌아본다.

이야기는 해피엔드다. 아빠는 집안일에 뛰어든다. 고양이로 변한 엄마를 계속 사랑한다. 아빠의 노력으로 조금씩 원래의 모습을 되찾는 엄마. 아빠가 사랑하던 엄마다. 우리는 사랑을 했기에 가정을 꾸렸다. 하지만 가정을 꾸리곤 사랑을 잃고 만다. 삶은 만만치 않다. 아빠도 엄마도 힘든 시간을 살아내야 한다. 그런데 사랑이 없다면 이 모든 걸 왜 시작했어야 하나? 삶은 그저 견뎌내야 하는 것인가? 우리는 왜 살아가나? 한 해의 마지막, 부부가 함께 이 그림책을 읽으며 사랑을 생각해봐도 좋겠다.

한 해의 그림책을 고르며 마지막은 아이를 위한 책이 아닌 부모를 위한 그림책을 고르고 싶었다. 아이가 힘들면 부모가 도와준다. 슬플 때는 부모가 위로해준다. 그럼 부모가 힘들고 슬플 때는 누가 위로해줄까? 물론 그런 사람은 없다. 잘 키워야 한다고 부담을 주는 목소리도 많고 그렇게 하면 안 된다며 제대로 하라고 지적하는 사람도 많다. 그러나 힘을 보태주는 사람, 마음을 알아주는 사람은 드물다. 이 책 역시 많은 페이지에서 부모에게 부담을 주었을 것이다. 미안한 마음이다.

두 분 다 올 한 해 참 많이 수고하셨다. 그 수고 덕에 아이는 한 살 더 자랐다. 아이는 부모의 사랑을 다 느끼지 못한다. 나중에 보답이란 기대할 수도 없다. 보답도 없는 사랑을 하였기에 더 값진 일을 하신 것이다. 이번 주에는 스스로를 사랑해주는 데 더 시간을 쓰시면 어떨까 싶다. 괜찮다면 서로에게도 따뜻한 말을 전하자. 저 역시, 고작 말뿐이지만, 제 고양이 손을 보태본다. "참 많이 수고하셨습니다. 아이에게 그림책도 많이 읽어주셨지요? 그 시간은 보석이 되어 아이의 마음에 남을 것입니다. 당신은 참 아름다운 부모입니다."

서천석의 연령별 추천 그림책

1~3세

제목	지은이	출판사
하나 둘 셋 공룡	마이크 브라운로우 글, 사이먼 리커티 그림	비룡소
누구 그림자일까?	최숙희 지음	보림
쾅글왕글의 모자	에드워드 리어 글, 헬린 옥슨버리 그림	보림
야옹이가 제일 좋아하는 색깔은?	제인 커브레라 지음	보림
고미 타로의 색깔 그림책 세트	고미 타로	달리
달을 먹은 아기 고양이	케빈 헹크스 지음	비룡소
설날	윤극영 글, 박정숙 그림	문학동네
주무르고 늘리고	요시타케 신스케 지음	스콜라
괜찮아	최숙희 지음	웅진주니어
나는 내가 좋아요	윤여림 글, 배현주 그림	웅진주니어
두드려 보아요	안나 클라라 티드홀름 지음	사계절
검피 아저씨의 뱃놀이	존 버닝햄 지음	시공주니어
누가 내 머리에 똥 쌌어?	베르너 홀츠바르트 글, 볼프 에를브루흐 그림	사계절
사과가 쿵!	다다 히로시 지음	보림
숲 속에서	마리 홀 에츠 지음	시공주니어
구슬비	권오순 시, 이준섭 그림	문학동네
달님 안녕	하야시 아키코 지음	한림출판사
아기 오리는 어디로 갔을까요?	낸시 태퍼리 지음	비룡소
안아 줘!	제즈 앨버로 지음	웅진주니어
쪽!	정호선 지음	창비
엄마가 좋아	마도 미치오 글, 마지마 세스코 그림	한림출판사
엄마랑 뽀뽀	김동수 지음	보림
재미있는 내 얼굴	니콜라 스미 지음	보물창고
나도 나도	최숙희 지음	웅진주니어

제목	지은이	출판사
싹싹싹	하야시 아키코 지음	한림출판사
손이 나왔네	하야시 아키코 지음	한림출판사
뒹굴뒹굴 짝짝	백연희 글, 주경호 그림	길벗어린이
뭐 하니?	유문조 글, 최민오 그림	길벗어린이
코를 킁킁	루스 크라우스 글, 마르크 시몽 그림	비룡소
누구야 누구	심조원 글, 권혁도 그림	보리
누구야?	정순희 지음	창비
무엇이 무엇이 똑같을까	이미애 글, 한병호 그림	보림
잘잘잘 123	이억배 지음	사계절
알록달록 동물원	로이스 엘럿 지음	시공주니어
화물 열차	도널드 크루스 지음	시공주니어
무늬가 살아나요	유문조 글, 안윤모 그림	길벗어린이
잘 자요, 달님	마거릿 와이즈 브라운, 클레멘트 허드 그림	시공주니어
이렇게 자 볼까? 저렇게 자 볼까?	이미애 글, 심미아 그림	보림
자장자장 엄마 품에	임동권 글, 류재수 그림	한림출판사
누가 누가 잠자나	목일신 시, 이준섭 그림	문학동네
잘 자요, 빵빵 친구들	셰리 더스키 린커 글, 탐 리히텐헬드 그림	푸른날개
과일과 채소로 만든 맛있는 그림책	주경호 지음	보림
냠냠냠 쪽쪽쪽	문승연 지음	길벗어린이
응가하자, 끙끙	최민오 지음	보림
똥이 풍덩	알로나 플랑켈 지음	비룡소
개구쟁이 아치 시리즈	기요노 사치코 지음	비룡소
알록달록 아기 그림책 1~4	멜라니 월시 지음	시공주니어

4~5세

제목	지은이	출판사
엄마, 잠깐만	앙트아네트 포티스 지음	한솔수북
아빠와 피자놀이	윌리엄 스타이그 지음	비룡소
치과 의사 드소토 선생님	윌리엄 스타이그 지음	비룡소
밖에 나가 놀 거야!	모 윌렘스 지음	푸른숲주니어
나는 자라요	김희경 글, 염혜원 그림	창비
엄마가 정말 좋아요	미야니시 다쓰야 지음	길벗어린이
물웅덩이로 참방!	염혜원 지음	창비
수박 수영장	안녕달 지음	창비
구름놀이	한태희 지음	아이세움
별과 나	정진호 지음	비룡소
그림자는 따라쟁이!	미야코시 아키코 지음	비룡소
파도야 놀자	이수지 지음	비룡소
안돼!	마르타 알테스 지음	북극곰
시메옹을 잃어버렸어요	가브리엘 뱅상 지음	황금여우
비 오는 날의 소풍	가브리엘 뱅상 지음	황금여우
미술관에서	가브리엘 뱅상 지음	황금여우
곰인형의 행복	가브리엘 뱅상 지음	황금여우
신발 귀신 앙괭이의 설날	김미혜 글, 김홍모 그림	비룡소
빵 공장이 들썩들썩	구도 노리코 지음	책읽는곰
고구마구마	사이다 지음	반달
아주 아주 큰 고구마	아까바 스에끼찌 지음	창비
아빠, 꽃밭 만들러 가요	송언 글, 한지희 그림	사계절
씨앗은 어디로 갔을까?	루스 브라운 지음	주니어RHK
작은 씨앗	문종훈 지음	한림출판사
민들레는 민들레	김장성 글, 오현경 그림	이야기꽃
꽃 장수	이태준 글, 이정석 그림	키즈엠
꽁꽁꽁	윤정주 지음	책읽는곰
냠냠 빙수	윤정주 지음	책읽는곰
나의 멍멍사우루스	애나 스타니셰프스키 글, 케빈 호크스 그림	웅진주니어
커다란 크리스마스트리가 있었는데	로버트 배리 지음	길벗어린이

제목	지은이	출판사
산타 할아버지가 우리 할아버지라면	허은미 글, 이명애 그림	풀빛
SNOW: 눈 오는 날의 기적	샘 어셔 지음	주니어RHK
눈이 그치면	사카이 고마코 지음	북스토리아이
맥스와 말라의 썰매 타기	알렉산드라 보이저 지음	키즈엠
썰매를 타고	정유정 지음	사계절
나랑 스키 타러 갈래?	클라우디아 루에다 지음	브와포레
늑대가 나는 날	미로코 마치코 지음	한림출판사
태풍이 온다	미야코시 아키코 지음	베틀북
페르디의 가을나무	줄리아 롤린슨 글, 티파니 비키 그림	보림
깜박깜박 도깨비	권문희 지음	사계절
줄줄이 꿴 호랑이	권문희 지음	사계절
뒤집힌 호랑이	윤옥화 김용철 지음	보리
저승사자에게 잡혀간 호랑이	김미혜 글, 최미란 그림	사계절
다음엔 너야	에른스트 얀들 글, 노르만 융에 그림	비룡소
코끼리는 절대 안 돼!	리사 맨체프 글, 유태은 그림	한림출판사
솔이의 추석 이야기	이억배 지음	길벗어린이
안녕, 달토끼야	문승연 지음	길벗어린이
김수한무 거북이와 두루미 삼천갑자 동방삭	소중애 글, 이승현 그림	비룡소
단물 고개	소중애 글, 오정택 그림	비룡소
토끼와 자라	성석제 글, 윤미숙 그림	비룡소
마법에 걸린 병	고경숙 지음	재미마주
나는 용감한 잭 임금님	피터 벤틀리 글, 헬렌 옥슨버리 그림	시공주니어
곰 사냥을 떠나자	마이클 로젠 글, 헬린 옥슨버리 그림	시공주니어
옛날에 오리 한 마리가 살았는데	마틴 워델 글, 헬렌 옥슨버리 그림	시공주니어
커다란 방귀	강경수 지음	시공주니어
구름빵	백희나 지음	한솔수북
알사탕	백희나 지음	책읽는곰
달 샤베트	백희나 지음	책읽는곰
나뭇잎이 달아나요	올레 쾨네케 지음	시공주니어
도토리 마을의 모자 가게	나카야 미와 지음	웅진주니어
작은 생쥐의 황금빛 나뭇잎	캐서린 멧미어 글, 에스텔 민스 그림	키즈엠

제목	지은이	출판사
울긋불긋 가을 밥상을 차려요	김영혜 지음	시공주니어
바빠요 바빠	윤구병 지음, 이태수 그림	보리출판사
아기 곰의 가을 나들이	데지마 게이자부로 지음	보림
가을을 만났어요	이미애 글, 한수임 그림	보림
숲 속 재봉사의 꽃잎 드레스	최향랑 지음	창비
숲 속 재봉사와 털뭉치 괴물	최향랑 지음	창비
까만 크레파스	나카야 미와 지음	웅진주니어
크레용이 화났어	드루 데이월트 글, 올리버 제퍼스 그림	주니어김영사
뽀뽀는 무슨 색일까?	로시오 보니야 지음	옐로스톤
첫눈	박보미 지음	한솔수북
아기여우와 털장갑	니이미 난키치 글, 구로이 겐 그림	한림출판사
눈 오는 날	에즈라 잭 키츠 지음	비룡소
겨울 할머니	필리스 루트 글, 베스 크롬스 그림	느림보
케이티와 폭설	버지니아 리 버튼	시공주니어
빨리빨리라고 말하지 마세요	마스다 미리 글, 히라사와 잇페이 그림	뜨인돌어린이
아빠와 토요일	최혜진 지음	한림출판사
우리끼리 가자	윤구병 글, 이태수 그림	보리
장갑	에우게니 M. 라쵸프 지음	한림출판사
수잔네의 겨울	로트라우트 수잔네 베르너 지음	보림
나는 다른 동물이면 좋겠다	베르너 홀츠바르트 글, 슈테파니 예쉬케 그림	아름다운사람들
물을 싫어하는 아주 별난 꼬마 악어	제마 메리노 지음	사파리
아빠, 악어를 조심하세요!	리사 모로니 글, 에바 에릭손 그림	시공주니어
간질간질	서현 지음	사계절
100층짜리 집 시리즈	이와이 도시오 지음	북뱅크
너무 부끄러워!	크리스틴 노만 빌멍 글, 마리안 바르실롱 그림	비룡소
못된 개가 쫓아와요!	마이런 얼버그 글, 리디어 몽크스 그림	시공주니어
도깨비를 빨아 버린 우리 엄마	사토 와키코 지음	한림출판사
달님을 빨아 버린 우리 엄마	사토 와키코 지음	한림출판사
우리 엄마야	샬럿 졸로토 글, 애니타 로벨 그림	사계절
야, 우리 기차에서 내려!	존 버닝햄 지음	비룡소

제목	지은이	출판사
크리스마스 선물	존 버닝햄 지음	시공주니어
아빠 얼굴	황K 지음	이야기꽃
눈을 감아 봐	케이트 뱅크스 글, 게오르크 할렌슬레벤 그림	아이세움
안 돼, 데이빗!	데이비드 섀넌	지경사
고 녀석 맛있겠다	미야니시 다쓰야 지음	달리
나는 티라노사우루스다	미야니시 다쓰야 지음	달리
무지개 물고기	마르쿠스 피스터 지음	시공주니어
우리 아빠 재우기는 정말 힘들어!	코랄리 소도 글, 크리스 디 자코모 그림	그린북
그건 내 조끼야	나카에 요시오 글, 우에노 노리코 그림	비룡소
주먹이	서정오 글, 이영경 그림	삼성출판사
말괄량이 기관차 치치	버지니아 리 버튼 지음	시공주니어
작은 기차	마거릿 와이즈 브라운 글, 레오 딜런·다이앤 딜런 그림	웅진주니어
숲 속에서	클레어 A. 니볼라 지음	비룡소
그림자놀이	이수지 지음	비룡소
소피가 화나면, 정말 정말 화나면	몰리 뱅 지음	책읽는곰
엄마는 회사에서 내 생각 해?	김영진 지음	길벗어린이
에드와르도 세상에서 가장 못된 아이	존 버닝햄 지음	비룡소
난 하나도 안 졸려, 잠자기 싫어!	로렌 차일드 지음	국민서관
동생이 미운 걸 어떡해!	로렌 차일드 지음	국민서관
난 토마토 절대 안 먹어	로렌 차일드 지음	국민서관
신비한 밤 여행	헬메 하이네 지음	시공주니어
난 자동차가 참 좋아	마거릿 와이즈 브라운 글, 김진화 그림	비룡소
할머니 집 가는 길	마거릿 와이즈 브라운 글, 하야시 아키코 그림	북뱅크
세상에서 가장 행복한 100층 버스	마이크 스미스 지음	샤파리
우리 몸의 구멍	허은미 글, 이혜리 그림	길벗어린이
악어도 깜짝, 치과의사도 깜짝!	고미 타로 지음	비룡소
야호, 비 온다!	피터 스피어 지음	비룡소
티치	팻 허친스 지음	시공주니어
도대체 그동안 무슨 일이 일어났을까?	이호백 지음	재미마주
시리동동 거미동동	제주도꼬리따기 노래, 권윤덕 그림	창비

제목	지은이	출판사
넉 점 반	윤석중 시, 이영경 그림	창비
구리와 구라의 빵 만들기	나카가와 리에코 글, 야마와키 유리코 그림	한림출판사
팥이 영감과 우르르 산토끼	박재철 지음	길벗어린이
개구쟁이 해리: 목욕은 정말 싫어요	유진 자이언 글, 마거릿 블로이 그레이엄	샤파리
바바빠빠	아네트 티종·탈루스 테일러 지음	시공주니어
피터의 의자	에즈라 잭 키츠 지음	시공주니어
강아지와 염소 새끼	권정생 시, 김병하 그림	창비
은지와 푹신이	하야시 아키코 지음	한림출판사

6~7세

제목	지은이	출판사
블랙 독	레비 핀폴드 지음	북스토리아이
프레드릭	레오 리오니 지음	시공주니어
이유가 있어요	요시타케 신스케 지음	봄나무
벗지 말걸 그랬어	요시타케 신스케 지음	스콜라
불만이 있어요	요시타케 신스케 지음	봄나무
작은 배	캐시 헨더슨 글, 패트릭 벤슨 그림	보림
여름 안에서	솔 운두라가 지음	그림책공작소
부엉이와 보름달	제인 욜런 글, 존 숀헤어 그림	시공주니어
이젠 안녕	마거릿 와일드 글, 프레야 블랙우드 그림	책과콩나무
우리가 헤어지는 날	정주희 지음	책읽는곰
치킨 마스크	우쓰기 미호 지음	책읽는곰
팥죽 할머니와 호랑이	조대인 글, 최숙희 그림	보림
이야기 주머니 이야기	이억배 지음	보림
해님달님	송재찬 글, 이종미 그림	국민서관
여우누이	허태준, 이미애 지음	시공주니어
반쪽이	윤정주 지음	시공주니어
모기와 황소	현동염 글, 이억배 그림	길벗어린이

제목	지은이	출판사
신통방통 세 가지 말	김경희 지음	웅진주니어
호랑이 뱃속 잔치	신동근 지음	사계절
애너벨과 신기한 털실	맥 바넷 글, 존 클라센 그림	길벗어린이
요셉의 작고 낡은 오버코트가	심스 태백 지음	베틀북
당나귀 실베스터와 요술 조약돌	윌리엄 스타이그 지음	비룡소
멋진 뼈다귀	윌리엄 스타이그 지음	비룡소
손 큰 할머니의 만두 만들기	채인선 글, 이억배 그림	재미마주
깃털 없는 기러기 보르카	존 버닝햄 지음	비룡소
아빠가 용을 사 왔어요	마거릿 마이 글, 헬렌 옥슨버리 그림	현북스
어떡하지?	앤서니 브라운	웅진주니어
겁쟁이 빌리	앤서니 브라운 지음	비룡소
잘 가, 나의 비밀친구	그웬 스트라우스 글, 앤서니 브라운 그림	웅진주니어
축구 선수 윌리	앤서니 브라운 지음	웅진주니어
너도 갖고 싶니?	앤서니 브라운 지음	웅진주니어
윌리와 악당 벌렁코	앤서니 브라운 지음	웅진주니어
고릴라	앤서니 브라운 지음	비룡소
숲 속으로	앤서니 브라운 지음	베틀북
달라질 거야	앤서니 브라운 지음	아이세움
이 사슴은 내 거야!	올리버 제퍼스 지음	주니어김영사
아빠, 나한테 물어봐	버나드 와버 글, 이수지 그림	비룡소
똥벼락	김회경 글, 조혜란 그림	사계절
눈 오는 날의 생일	이와사키 치히로 지음	프로메테우스
북쪽 나라 여우 이야기	데지마 게이자부로 지음	보림
구름공항	데이비드 위즈너 지음	시공주니어
화분을 키워 주세요	유진 자이언 글, 마거릿 블로이 그레이엄 그림	웅진주니어
리디아의 정원	사라 스튜어트 글, 데이비드 스몰 그림	시공주니어
분홍 토끼의 추석	김미혜 글, 박재철 그림	비룡소
색깔손님	안트예 담	한울림어린이
얼굴이 빨개져도 괜찮아	로르 몽루부 지음	살림어린이
어둠을 무서워하는 꼬마 박쥐	게르다 바게너 글, 에밀리오 우르베루아가 그림	비룡소

제목	지은이	출판사
우리는 언제나 다시 만나	윤여림 지음	스콜라
내 사랑 뿌뿌	케빈 헹크스 지음	비룡소
똥자루 굴러간다	김윤정 지음	국민서관
달 사람	토미 웅거러 지음	비룡소
게으를 때 보이는 세상	우르술라 팔루신스카 지음	비룡소
나랑 친구 하자!	피터 브라운 지음	사계절
우리는 친구	앤서니 브라운 지음	웅진주니어
난 자전거 탈 수 있어	아스트리드 린드그렌 글, 일론 비클란드 그림	논장
싸우는 몸	서천석 글, 양정아 그림	웅진주니어
종이 봉지 공주	로버트 먼치 글, 마이클 마첸코 그림	비룡소
다니엘이 시를 만난 날	미카 아처 지음	비룡소
수영장에 간 아빠	유진 지음	한림출판사
세상에서 가장 용감한 소녀	매튜 코델 지음	비룡소
용감한 아이린	윌리엄 스타이그 지음	비룡소
자바자바 정글	윌리엄 스타이그 지음	웅진주니어
엉망진창 섬	윌리엄 스타이그 지음	비룡소
이렇게 멋진 날	리처드 잭슨 글, 이수지 그림	비룡소
할머니의 여름휴가	안녕달 지음	창비
바다와 하늘이 만나다	테리 펜, 에릭 펜 지음	북극곰
두더지의 고민	김상근 지음	사계절
겨울눈아 봄꽃들아	이제호 지음	한림출판사
꽃 피는 해적선	박종진 글, 조용준 그림	키즈엠
팔랑팔랑	천우주 지음	이야기꽃
조금만 기다려 봐	케빈 헹크스 지음	비룡소
슈퍼 거북	유설화 지음	책읽는곰
오늘은 우리 집 김장하는 날	채인선 글, 방정화 그림	보림
슈렉!	윌리엄 스타이그 지음	비룡소
이슬이의 첫 심부름	쓰쓰이 요리코 글, 하야시 아키코 그림	한림출판사
아씨방 일곱 동무	이영경 지음	비룡소
신기한 그림족자	이영경 지음	비룡소
이상한 손님	백희나 지음	책읽는곰

제목	지은이	출판사
장수탕 선녀님	백희나 지음	책읽는곰
선	이수지 지음	비룡소
눈사람 아저씨	레이먼드 브릭스 지음	마루벌
겨울 저녁	유리 슐레비츠 지음	비룡소
말라깽이 챔피언	레미 쿠르종 지음	씨드북
꽃에서 나온 코끼리	황K 지음	책읽는곰
장바구니	존 버닝햄 지음	보림
문어 목욕탕	최민지 지음	노란상상
강아지똥	권정생 글, 정승각 그림	길벗어린이
고양이는 나만 따라 해	권윤덕 지음	창비
세 친구	헬메 하이네 지음	시공주니어
마녀 위니	밸러리 토머스 글, 코키 폴 그림	비룡소
난 커다란 털북숭이 곰이다	야노슈 지음	시공주니어
곰	레이먼드 브릭스 지음	비룡소
바다를 담은 그림책	샬럿 졸로토 글, 웬들 마이너 그림	보물창고
그림자는 내 친구	박정선 글, 이수지 그림	길벗어린이
형보다 커지고 싶어	스티븐 켈로그 지음	비룡소
마법의 조막손	선천성사지장애아부모회 외 글, 다바타 세이이치 그림	우리교육
이젠 밤이 무섭지 않아!	위르크 슈비거 글, 에바 무겐탈러 그림	살림어린이
달님은 밤에 무얼 할까요?	안 에르보 지음	베틀북
곰 인형의 행복	가브리엘 뱅상 지음	보림
줄무늬가 생겼어요	데이비드 섀넌 지음	비룡소
까막나라에서 온 삽사리	정승각 지음	초방책방
감기 걸린 날	김동수 지음	보림
바람이 멈출 때	샬럿 졸로토 글, 스테파노 비탈레 그림	풀빛
구름 나라	존 버닝햄 지음	비룡소
내 그림자에 오줌 싸지 마!	장 피에르 케를로크 글, 파브리스 튀리에 그림	문학동네
오른발, 왼발	토미 드 파올라 지음	비룡소
할아버지의 바닷속 집	히라타 겐야 글, 가토 구니오 그림	바다어린이
엠마	웬디 케셀만 글, 바버라 쿠니 그림	느림보

제목	지은이	출판사
백만 년 동안 절대 말 안 해	허은미 글, 김진화 그림	웅진주니어
망태 할아버지가 온다	박연철 지음	시공주니어
수호의 하얀 말	오쓰카 유조 글, 아카바 스에키치 그림	한림출판사
오래 슬퍼하지 마	글렌 링트베드 글, 샤를로테 파르디 그림	느림보
내 토끼가 또 사라졌어!	모 윌렘스 지음	살림어린이
라이카는 말했다	이민희 지음	느림보
그날, 어둠이 찾아왔어	레모니 스니켓 글, 존 클라센 그림	문학동네
나무는 좋다	재니스 메이 어드리 글, 마르크 시몽 그림	시공주니어
사자가 작아졌어!	정성훈 지음	비룡소
팥죽 할멈과 호랑이	박윤규 글, 백희나 그림	시공주니어
평강 공주와 바보 온달	성석제 글, 김세현 그림	비룡소
떼루떼루	박연철 지음	시공주니어
안녕, 나마스테!	유태은 지음	이야기꽃
비밀	허은미 글, 박현주 그림	문학동네
으뜸 헤엄이	레오 리오니 지음	마루벌
사자와 생쥐	제리 핑크니 지음	별천지
비 오는 날	유리 슐레비츠 지음	시공주니어
파랑이와 노랑이	레오 리오니 지음	파랑새
작은 새	제르마노 쥘로 글, 알베르틴 그림	리젬
씩씩한 마들린느	루드비히 베멀먼즈 지음	시공주니어
정말 정말 한심한 괴물, 레오나르도	모 윌렘스 지음	웅진주니어
우체부 아저씨와 비밀 편지	앨런 앨버그 글, 자넷 앨버그 그림	미래아이
지각대장 존	존 버닝햄 지음	비룡소
준치 가시	백석 시, 김세현 그림	창비
나는 뽀글머리	야마니시 겐이치 지음	비룡소
월요일 아침에	유리 슐레비츠 지음	미래아이
마녀 위니와 심술쟁이 로봇	밸러리 토머스 글, 코키 폴 그림	비룡소
산타 할아버지	레이먼드 브릭스 지음	비룡소
왜요?	린제이 캠프 글, 토니 로스 그림	베틀북
세 강도	토미 웅거러 지음	시공주니어

제목	지은이	출판사
푸른 개	나자 지음	파랑새
세상에서 가장 맛있는 무화과	크리스 반 알스버그 지음	미래아이
동물원	이수지 지음	비룡소
100층짜리 집	이와이 도시오 지음	북뱅크
돼지 루퍼스, 학교에 가다	킴 그리스웰 글, 발레리 고르바초프 그림	국민서관
학교 가는 날	송언 글, 김동수 그림	보림
쨍아	천정철 시, 이광익 그림	창비
제랄다와 거인	토미 웅거러 지음	비룡소

8세 이상

제목	지은이	출판사
선생님은 몬스터!	피터 브라운 지음	사계절
심심해 심심해	요시타케 신스케 지음	주니어김영사
이게 정말 나일까?	요시타케 신스케 지음	주니어김영사
방귀 만세	후쿠다 이와오 지음	아이세움
말놀이 동시집	최승호 지음, 윤정주 그림	비룡소
가을 이야기	질 바크렘 지음	마루벌
나그네의 선물	크리스 반 알스버그 지음	풀빛
아버지의 자전거	이철환 글, 유기훈 그림	아이세움
동물원	앤서니 브라운 지음	논장
비밀이야	박현주 지음	이야기꽃
고양이 손을 빌려드립니다	김채완 글, 조원희 그림	웅진주니어
삐약이 엄마	백희나 지음	책읽는곰
산딸기 크림봉봉	에밀리 젠킨스 글, 소피 블래콜 그림	씨드북
린드버그 - 하늘을 나는 생쥐	토르벤 쿨만 지음	책과콩나무
적	다비드 칼리 글, 세르주 블로크 그림	문학동네
전쟁	아나이스 보즐라드 지음	비룡소
강냉이	권정생 글, 김환영 그림	사계절

제목	지은이	출판사
곰이와 오푼돌이 아저씨	권정생 글, 이담 그림	보리
힐링 썰매	조은 글, 김세현 그림	문학과지성사
아기 늑대 세 마리와 못된 돼지	유진 트리비자스 글, 헬린 옥슨버리 그림	시공주니어
어제저녁	백희나 지음	책읽는곰
위니를 찾아서	린지 매틱 글, 소피 블래콜 그림	미디어창비
메리	안녕달 지음	사계절
마레에게 일어난 일	티너 모르티어르 글, 카쳐 퍼메이르 그림	보림
빨간 모자	에런 프리시 글, 로베르토 인노첸티 그림	사계절
눈물바다	서현 지음	사계절
눈	이보나 흐미엘레프스카 지음	창비
오소리의 이별 선물	수전 발리 지음	보물창고
달은 어디에 떠 있나?	정창훈 글, 장호 그림	웅진주니어
어느 개 이야기	가브리엘 뱅상 지음	별천지
머나먼 여행	에런 베커 지음	웅진주니어
연필 하나	알랭 알버그 글, 부루스 잉그만 그림	주니어김영사
줄넘기 요정	엘리너 파전 글, 샬럿 보크 그림	문학과지성사
내 마음	천유주 지음	창비
아기돼지 세 마리	데이비드 위즈너 지음	마루벌
세상에서 가장 아름다운 나의 마을	고바야시 유타카 지음	미래아이
늑대가 들려주는 아기돼지 삼형제 이야기	존 셰스카 글, 레인 스미스 그림	보림
여섯 사람	데이비드 매키 지음	비룡소
100만 번 산 고양이	사노 요코 지음	비룡소
창 너머	찰스 키핑 지음	시공주니어
돼지책	앤서니 브라운 지음	웅진주니어
삐비 이야기	송진헌 지음	창비
까마귀 소년	야시마 타로 지음	비룡소
행복한 청소부	모니카 페트 글, 안토니 보라틴스키 그림	풀빛
내가 라면을 먹을 때	하세가와 요시후미 지음	고래이야기
이상한 화요일	데이비드 위즈너 지음	비룡소
마음이 아플까 봐	올리버 제퍼스 지음	아름다운사람들

제목	지은이	출판사
난 곰인 채로 있고 싶은데…	요르크 슈타이너 글, 요르크 뮐러 그림	비룡소
우리 가족입니다	이혜란 지음	보림
곰 인형 오토	토미 웅거러 지음	비룡소
백두산 이야기	류재수 지음	보림
마음의 집	이보나 흐미엘레프스카 지음	창비
이상한 자연사 박물관	에릭 로만 지음	미래아이
도서관에 간 사자	미셸 누드슨 글, 케빈 호크스 그림	웅진주니어
엄마의 의자	베라 윌리엄스 지음	시공주니어
강물이 흘러가도록	제인 욜런 글, 바버라 쿠니 그림	시공주니어
터널	앤서니 브라운 지음	논장
안녕	폴 샌우 지음	비룡소
어쩌다 여왕님	다비드 칼리 글, 마르코 소마 그림	책읽는곰
야쿠바와 사자	티에르 드되 지음	길벗어린이
틀려도 괜찮아	마키타 신지 글, 하세가와 토모코 그림	토토북

서천석

서울대학교 의과대학을 졸업하고 같은 학교 대학원에서 의학박사 학위를 받았다. 정신건강의학과 전문의로 일하던 중 어른들이 앓고 있는 마음속 병의 뿌리가 어린 시절에 있다는 것을 느끼고 소아청소년정신과 전문의 과정을 밟았다.

MBC 라디오 「여성시대」 '우리 아이 문제 없어요' 코너에서 꾸준히 대한민국 부모들의 육아 궁금증과 고민을 풀어주고 있으며, EBS 「두근두근 학교에 가면」, JTBC 「김제동의 톡투유」 등에 출연했다. 창비라디오 팟캐스트 「서천석의 아이와 나」를 진행했으며, 현재 네이버 오디오클립에서 「서천석의 아이와 나 ― 실전편」을 연재하고 있다.

저서로 『하루 10분, 내 아이를 생각하다』 『아이와 함께 자라는 부모』 『서천석의 마음 읽는 시간』 『우리 아이 괜찮아요』 『그림책으로 읽는 아이들 마음』 『좋은 부모 다이어리』 등이 있다.

소아정신과 의사 서천석의
그림책 다이어리

초판 1쇄 발행 / 2018년 11월 28일
초판 2쇄 발행 / 2018년 11월 30일

지은이   서천석
펴낸이   강일우
책임편집   김보은
펴낸곳   (주)창비
등록   1986. 8. 5. 제85호
주소   10881 경기도 파주시 회동길 184
전화   031-955-3333
팩스   031-955-3399(영업) 031-955-3400(편집)
홈페이지   www.changbi.com
전자우편   ya@changbi.com

ⓒ 서천석 2018
ISBN 978-89-364-7680-9 13590

* 이 책 내용의 일부 또는 전부를 재사용하려면 반드시 저작권자와 창비 양측의 동의를 받아야 합니다.
* 책값은 뒤표지에 표시되어 있습니다.
* 표지 사진 ⓒ 김영사